戦場の田中角栄

元 毎日新聞取締役・田中番記者
馬弓良彦 著

毎日ワンズ

本書は平成二十三年に小社より刊行された単行本を新書化したものです。

プロローグ

第一章　田中家の「あんにゃ」

第二章　田中上等兵の反骨

第三章　苦学力行の青春

第四章　私のなしうる何か

第六章　実力者への道

第七章　お国が私を必要とするならば

第八章　田中角栄の時代

第九章　鬼才、惜しむべし

エピローグ

＊文中、著者註釈と区別するため、編集部註釈には「＊」を付しました。
＊本書には、現代では差別的と解釈されかねない表現をそのまま表記した箇所がありますが、あくまで作品の世界観を損なわないためであり、その他の意図は一切ないことをお断りいたします。
毎日ワンズ編集部

プロローグ

残された番記者の使命

この本の主題は、政治家田中角栄である。

戦後政界の風雲児である田中角栄元首相の生涯を描き、その政治家としての再評価を試みたいと思っている。

田中角栄は、ロッキード事件の刑事被告人として首相の収賄を問われ、巨悪の形容詞まで冠せられている。

その問題児に、ふたたび照明を当てるのである。

そう言った途端に、剛腕政治家の角栄がもしこの世にあったら、こう言うに違いない。

「再評価とはいったい何だ？　君は私についてくるのか、こないのか、どっちなんだ！」

その自信には逆らえない。

かつて田中番記者だった誼《よしみ》で、私はこう言い返すだろう。

「日本の政界には、あなたの並外れた才能が必要だった。しかしその可能性は排除された。あのロッキード事件以来、いわれなくあなたになすりつけられた汚名をいくらかでも雪《すす》ごうと思って、これを書く」

角さんはたぶん、鋭い眼で私を睨む。

「なんだ！　相変わらず生ぬるいことを言っているな。それは済んだことだ。が、まあ、いいだろう。しかし、いまの政治課題は日本をどうするかだ。私の名誉回復などよりも、国民の関心はそっちに傾いているぞッ」

彼独特の陽気な気迫をもって、そうハッパをかけるに違いない。田中角栄は、その手法は泥臭くても、常に課題の核心に刃を突きつける術《すべ》を知っていた。

彼は奇想天外とも思える難問解決の発想を身につけていたのである。そして持ち前の抜群の交渉力を駆使して、たじろぐ相手に譲歩を迫った。

政局、政策の勘所をよく押さえ、修羅場では必ず勝負師の面目を発揮した。その迫力は、ほかの戦後政治指導者と比べても尋常一様のものではなかった。

田中は、常識破りの迫力で、先制攻撃的に事態の膠着を打破した。そして常に現状の変革を唱え、「決断と実行」の焦点がそこに絞られていた。

その行動力は超人的で、常人の想像を超えた桁外れの暴走とさえ受け取られた。ステータス・クオ（既存の安逸な秩序）、すなわち事勿《ことなか》れを尊んで守る人々は、この野人の跳梁に大いに困惑し、怖れた。

当時、世界は第一次オイル・ショックで激動していた。選挙区からの陳情に対して「わかった」を連発しても、田中の手に余る内外の難題が山積していた。田中なりに孤軍奮闘し、努力を重ねても、国内では狂乱物価が燃え広がり、米国は覇権の維持のためになりふり構わなくなった。

田中の政権スローガンとなった「決断と実行」は逆風に翻弄され、看板の「日本列島改造」

も力およばず撤退を余儀なくされた。

さらに政治家のモラルでは、世間から金権をはじめとする少なからぬ疑惑を招いた。「不徳の致すところ」もあった。私がこう言うと、

「君はいまさら何を言いたいのか?」

とたちまち角さんの頬は真っ赤に染まるだろう。

言葉を選びながら、率直に言おう。

「田中角栄は、肯定的に評価されてよい戦後政治家だ。決して巨悪でもなければ、戦後政界の梟雄《きょうゆう》(残忍な英雄)でもない。盟友大平正芳が評したように政界の『鬼才』だった。ロッキード事件でこうむった『首相の犯罪』の冤罪を晴らす執念は理解できる。総理総裁の座を射止めたあなたの矜持《きょうじ》も知っている」

「それならなぜ、世間一般のような冷たい口ぶりで君はものを言うのか」

と彼は唇をねじ曲げるに違いない。

「あなたは一方では、世間に素直に受け入れられない『奇才』の面を持っていた。いや、常識を超えてやりすぎたこともある。天下人として、あと一歩の器量の広さを求める人もいた。それを改めて論じてみたい」

すると角さんは、間違いなく不機嫌さを隠さずに、

「君らに生臭い政争の機微がわかるはずもないが……まあ、評論は君らの仕事の分野だ。しか

し問題の焦点で逃げを打たず、正面から格闘する勇気があるのかな?」

と不承不承で例によって半身となり、斜に構えることだろう。

いまなぜ、田中角栄か

さて、私には、忘れられない政治家田中角栄の印象的な表情がある。すなわち昭和の戦前、戦後を懸命に働いた「越後の出稼ぎ」の律儀な「お面」だ。

それは大正、昭和の戦乱の時代に見る、赤紙召集の兵隊から叩き上げた、いくらかは不逞で戦《いくさ》上手の下士官像に近い。

裏返すとその「お面」は、戦後の自由奔放な庶民の英雄、ヒーローに化ける。戦前の「末は博士か大臣か」の立身出世を、庶民出の田中が戦後に実現させたのだ。その経歴だけを見て、政権成立直後にマスコミは田中を「今太閤」と呼んだ。

政財界の有名大学卒のエリート人脈は、土建屋あがりの総理大臣に内心辟易したであろう。その後の歴代首相には、田中のような異色の経歴の持ち主はいない。そこで、長期的な自民党政権の混迷を、「田中的なものに害されてしまったからだ」とする見方まで生まれた。脱田中こそが、福田赳夫流に言う「解党的な出直し」に通ずる、というわけである。

その頃、田中派を率いて裏から政権を操る闇将軍角栄の害悪を咎《とが》める風潮が生まれた。「巨悪田中」の害悪に、自民党腐敗のすべての原因があると言うのだ。それを「唯角史観」と、誰かが冷やかして言った。保守政治の悪いところは、すべてが田中角栄流の政治手法に源を発する、という理論である。

この「史観」は、物事を単純化するには都合がいい。悪いことを全部田中に押しつければ、保守政党の怠慢、失政は免責される。

しかし、時は流れて日本を取り巻く事態は「唯角史観」では説明がつかなくなっていく。田中後を襲った三木、福田、大平、鈴木、中曽根、竹下の各内閣までは、「唯角史観」は通用したのかもしれない。だが、宇野、海部、宮沢、細川、羽田、村山、橋本、小渕、森、小泉、安倍、福田、麻生、民主党内閣……と、政権はめまぐるしく交代した。

長期的に見れば、三角大福中以降の首相たちは、この国の舵取りを誤ったのである。田中退陣から、長い時が移ろい去った。その間にロッキード事件が暴かれ、田中は収賄罪で被告となり、巨悪と呼ばれた首相の犯罪が裁判で裁かれる。

しかし昭和六十年に脳梗塞で倒れるまで、田中は政界の闇将軍として舞台裏に君臨する。そして平成五年十二月十六日、静かにこの世を去った。

二十一世紀のいま、過去の「巨悪の亡霊」に思いを致すことは相当な時代錯誤である、という呟きがあっても無理はなかろう。しかし、日本の政治と経済が、罠にかかったように八方塞がりに陥った現在、田中角栄の破天荒な時代を改めて思い出すことは無意味ではない。

私は田中政権が誕生した昭和四十七年初夏に『人間田中角栄』と題する一冊をダイヤモンド社から上梓した。

当時の状況では、必ずしもありのままの田中角栄を紹介し、論評する環境ではなかった。私はまだ、第一線の政治部記者としての「柵《しがらみ》」の中にあった。言い訳ではなく、『人間田中角栄』の書名が物語るように、政治的な批評をあえて避けた視点で筆をとったのである。

そのとき以来、いわば未完の「田中論」に、私は、いつかは挑むべきだと思っていた。政治の前途は、一政治家の資質によって左右されるよりは、好ましい国家戦略（正確には民族国家の未来像）を、誰がいかにして確立するのかに比重が移っているとも言える。

ここで私は読者に打ち明けよう。

その民族国家戦略を、一時代前に構想し、実行に移そうとした政治家が存在したのだ。その人物こそ、巨悪の汚名にまみれた田中角栄であったと、いまだから証言できるのである。

田中の試みは、途中で挫折した。しかし、結果的に挫折したのだからその試みが間違っていた、とは言えない。

たとえば織田信長は、中世的な戦国・封建から近世・重商主義へと時代の転換を図った。信長は本能寺の変によって志半ばで倒れたが、その試みを過激すぎるとして全否定することは、時代の流れに逆らうことであり、無理である。

田中は金権批判とロッキード事件の刑事被告人という汚名の中で、政治家の生涯を終えた。

その不本意で、未完に終わった田中政治は、信長の悲劇に相似《そうじ》している。

ちなみに角栄本人は「今太閤」と呼ばれることを嫌って、

「私は信長の生き様が好きだ」

とわれわれに言っていた。

その後に『田中角栄』（水木楊著、日本経済新聞社）と題する田中の「伝記」に近い書物も出て、その副題には「巨善と巨悪」という言葉が記されていた。これは田中角栄に功罪の両面があり、その功と罪の間の落差の大きさの中に「実像」を見ようとする視点であろう。

さらにその後に出版された『頂きに立て！ 田中角栄とR・ニクソン』（三浦康之著、日経BP社）では、この視点がかなり違う。三浦氏は田中とニクソンという日米権力の頂点に立った異色の政治家を比較することで、同時代史を克明に描いている。そこでは、超大国の権力者ニクソンを取り上げることによって、田中政治（田中が目指した政治）の意外な国際性が浮き彫りにされている。

私が指摘したいことは、田中政治を金権腐敗やロッキード事件の観点からだけで断罪することは、政治の実態から遠ざかることになるという点である。

政治は、相対的な価値観の中で実像をとらえることが基本であり、その表象《ひょうしょう》は観察する人により極めて多様な側面を持つ。見る人によっては、田中は罪を犯した巨悪であり、新潟県選挙区の人々には地元を活性化した巨善であるという受け止め方がある。

この点では、朝日新聞社新潟支局の『田中角栄と越山会――深層の構図』(山手書房)が力作である。

同書は、地元(選挙区)への利益誘導を、単に国会議員の下品な政治活動だとみなす視点を超えて、田中的なるものの実相に迫っている。新潟の選挙区には田中を必要とし、越山会を後押しする地元の事情もあったのである。

また、外交の面で見ても田中がイニシアティブをとった「日中国交正常化」を「無定見、無原則の世論迎合」と断じる学者もいれば、第二次世界大戦後、はじめて日本の「自立外交路線」がスタートした、と見る向きもある。

このように落差が大きい田中政治の評価は、それぞれが理由のある言い分であり、単純にどちらに軍配をあげていいというものではあるまい。

ほとんどの読者は「自由闊達」を座右の銘にして、戦後政界を闊歩、いや、暴走気味に駆け抜けた角栄の素顔に直接は触れていない。この元首相は退陣後、病に倒れるまでは、首相の権威失墜の屈辱を晴らそうとなりふり構わぬ姿勢を見せた。

田中角栄の生涯は、劇的であった。たとえて言うならば、豪雄織田信長の生き様のように、数多《あまた》の鬼気迫る場面がある。

政治家の実像と、市民が抱く政治家像との間の距離は、メディア・マスコミを通して埋められるべきであろう。しかし、テレビをはじめとするメディアには番組作りや企画に、政治家に対する相当な先入観が存在していて、むしろ虚実の距離は膨らむきらいがある。

中でも巨悪と決めつけられた田中角栄の実像と虚像のギャップは、とくに大きい。その乖離《かいり》は、わが国政党政治の裏地の、見逃せない綻《ほころ》びである。

政治家田中角栄を是とするか否とするかとは別の次元で、誰かがそれを繕《つくろ》うべきであろう。かつて私が公にした「人間田中角栄」に、知り得て語らなかった真相のすべてを追加する必要があると思う。

第一章　田中家の「あんにゃ」

雪国の春に

「あにが生まれたとき、おじいさんが珍しく――オレがお湯でも沸かそうか――と言うたのう」

田中角栄の母フメさんは、その日のことを鮮明に覚えていた。「あにゃ」あるいは「あんにゃ」とは、この地方の方言で長男のことだ。

大正七年五月四日、田中角栄は新潟県刈羽《かりわ》郡二田《ふただ》村に生まれた。

越後の春は遅い。表日本では初夏に近いこの季節でも、このあたりはまだ、山肌に残る雪がまぶしい頃である。

しかし、山あいの田中家には、この男子出生で、ほのぼのとした春が訪れたようだ。のちに角栄自身「私の家は昔から、どういうものか男の子が育たないと言われてきた」と述懐している。じつは、角栄は戸籍上の長男「あに」であるが、みどり児のまま亡くなった「角一」というあんにゃがいたのである。だが、二人の姉に次いで待ち望んだ元気な男の子の泣き声があがると、そんな不安は吹っ飛んだに違いない。

フメさんは、

「あに(角栄)は戸籍でも長男になっている。うじ(次男)ではのうて、あにで育った」

と目をしばたたかせた。

それにしても、亭主関白、男尊女卑が当たり前だと、おじいさんやおやじがあぐらをかいていたに違いない当時の田中家である。核家族化が進んでいる現在とは、男子出生の意義が違う。とくに、逞しい働き手を必要とする越後の農村だ。八十一歳のフメさんが鮮やかに回想したように、おじいさんまでが「産湯でも沸かそうか――」と腰を浮かすのも無理はない。その情景に、昔ながらのかやぶき屋根の下でウキウキする一家の喜びがうかがえる。

二田村（現、柏崎市西山町二田）は古い村である。

田中は「私の家は四～五百年前に開村した二田村坂田の十八戸の一軒として続いてきた古い農家である」と『私の履歴書』（日本経済新聞社）に記している。

柏崎から北へ、長岡に向かって標高三百メートル程度の小高い山並が続く。二田村は、この丘陵の西斜面に位置する。その斜面の谷あいに、田中の生家もあった。かやぶきだったその古い家はその後建て替えられ、フメさんが留守を預かっていた。近くの丘の上の起伏に沿ってそびえる高い杉木立が、この村の年輪と人々の営みの歴史を無言で語るかのようだ。

田中の生家のあたりからやや東に丘を登ると、昔、このあたりを領した梅津半左衛門が居城とした二田城址が木立と落葉に埋もれている。

この二田村を越後線の西山駅方面から東にさかのぼり、地蔵峠を越えて国道八号線の大積《おおづみ》に至るアスファルト道路が通じている。道の両肩には、積雪に備えて路肩を示す竹のポールが点々と続く。

さすがに雪国である。いまでも、ブルドーザーが除雪のために出動して、谷間に落ちる事故もあるという。この道路のそばには、かつては「ようやく馬が一匹通れる幅しかなかった」という旧道が、昔のまま残っている。

この山あいの村で、冬になると家々の軒に達する豪雪は、人々の生活に大きな影響を与えたに違いない。雪国の厳しい自然に直面した幼児期からの田中の人格に、感性にも、越後人に共通する要素が強く刻み込まれたと思われる。

ところで、大正七年の二田村は平和そのものであったろう。しかし、越後のこの山あいの村の外の世界は、第一次世界大戦の動乱が峠にさしかかっていた。大正七年五月五日付けの『東京日日新聞』(現、『毎日新聞』)朝刊に、ヨーロッパ各地の戦況が報ぜられている。

「フランダースにおける独軍の惨たんたる敗北ののち、西部戦場は前日に比し平穏なり」

という外電がある。そのほか、角栄が生まれた五月四日の出来事、そしてそれを伝えるこの五日付けの新聞記事はなかなか面白い。

原敬政友会総裁の地方遊説出発。上駒込や新宿の火事。スポーツ面には四日に行なわれた一高(現、東大)対早大の野球試合。近頃の野球ファンには信じがたいと思われるが、このゲームは七対〇で一高が早稲田をシャットアウトしている。連載小説には芥川龍之介の「地獄変」。そして後年の田中の実業界での成功に縁の深い理研(理化学研究所)の大河内正敏博士が「日新しき武器」と題して機雷と魚雷の性能を解説している。

また、士官学校、幼年学校の陸軍将校生徒の志願者が、この年激減したことも大きく扱われている。ただし海軍兵学校は前年の二千七百人台から二千九百一人へと順調に志願者が増えている。記事では「国防急を告げる本年なのに、陸軍生徒の志願者が約四分の一も減ることは理解できない」と言っている。

言外ではあるが、その裏に微妙な青少年の反戦気分のようなものの存在がうかがわれる。海軍が好調なのは、日露戦争当時の陸軍若手将校の戦死者続出に比較すると、海軍は勝ち戦で死傷も少なく「かっこよかった」ためであろうか。ヨーロッパの陸の激戦も響いたろう（のちに田中は海兵を受験しようとする）。

さらに「自動車補助の法令発布され、市（東京市）の当局者、眉をひそめて街路の破壊を憂う」とある。

のちに、自動車新税（重量税）を提案し、道路を損壊する重量車から高率の税金をとるべきだと強調、強引に実現させたのは、言うまでもなく自民党幹事長当時の田中角栄であった。

この日の新聞記事は偶然にも、後年の田中の人生に交錯する出来事を予告したのかもしれない。それにしても、田中はよく「私は宿命論者なんですよ」と述懐した。もちろん、その宿命論は運命にあきらめを抱いて黙々と従うことを意味してはいない。いわば「自分もまた、時代の子であり、この世代からは抜けられない宿命を負っている」という、謙虚な「おののき」を感じていたようだ。

雪深い越後の農村に生まれた一人の「あんにゃ」を時代の風浪は、いやおうなしに巻き込むのである。

父の度胸を受け継ぐ

幼いあんにゃは、おばあさん子だったらしい。「外出は、たいてい祖母と一緒だった」と『私の履歴書』に書いている。

同書は、最初の数節を口述しただけで、残りの全部は田中自身が筆をとった。書きおろしである。そのはしがきに、田中はこう書いている。

「私は真実を記録することに重点を置き、面白い物語を書くという考え方を排除した。私は小学校時代から欠かさず日記をつけていたが、昭和十四年三月、満州に現役入隊した折りに、それまでの私のアルバムと一緒に、日記全部を『私の彼女』に託して日本を離れた。その後、彼女の家が台風と洪水に見舞われて、私の記録も家財とともに流されてしまったので、原稿の大半はまったく記憶のみに頼って執筆したものである」

田中が「面白い物語を書くという考え方を排除した」と言っているにもかかわらず、この履歴書の面白さは抜群である。

『私の履歴書』は日本経済新聞社の連載企画として好評であるが、その中でも田中の履歴書は出色であった。角栄あんにゃの幼少の頃の出来事は、その履歴書に詳しい。

淡々と幼少の記憶を辿りながら、当時の田中家の日々を鮮やかに再現する筆力は「玄人はだし」である。

田中の『私の履歴書』を読んだ評論家の小林秀雄氏は「文章は達意平明、内容もまた読む者の胸を打つ」との感想を、日経新聞の中川編集局長（当時）に寄せた。秘書の早坂茂三からこれを聞いた田中は、

「本当に小林先生から褒められて、いいものかネ」

と呟いたという。田中は、若き日の夢を小説に託したことがある。文章には秘かな自負があったに違いない。

角栄あんにゃは二歳のとき、ジフテリアにかかった。高熱が続いて生死不明になったと本人は言う。

「この大病がもとで、お前はドモリになった」

と祖母のコメさんは、のちに角栄少年に話している。

その後もあんにゃは身体が弱く、「これで育つのかな」と家人に心配をかけた。

これは田中の後年の述懐であるが、

「ドモリがひどいので、内気になった。自然、あまり外出もせず、家の中で遊んでいた。たまに外に出ていじめられると、口がうまくまわらないので、すぐにゲンコツを振り上げる。弱いくせに手が早かったことは事実である」

と幼時の小暴力を弁解している。

幼い頃の思い出は、夢幻のようにいつまでも田中のまぶたの奥に残っていた。

おばあさん子のあんにゃはある日、珍しく母に連れられて二田村の円満寺に行った。権田雷斧《ごんだらいふ》という大僧正が、母フメさんの遠い縁続きのこのお寺に住職としてやってきた。あんにゃのおじいさんも寺の檀家総代として山門のところに出迎えている。大僧正は、きれいなかごに乗ってきた。

「いまでも目をつぶると、大僧正の着ていた鮮やかな緋《あけ》の衣の模様までが、ありありと浮かぶように思われる」

と田中は回想している。

フメさんは「あれは、あんにゃがまだ三、四歳のときだった。あとで皆が話をしているのを自分が見たと思い込んでいるのではないか」と首をかしげたものだが、田中は「この目で見たのに間違いない」と頑張っていた。

あんにゃがおばあさん子だった理由は、祖母コメさんが角栄坊やを溺愛したからだけではないようだ。田中の幼い頃を知っている、ある小学校の先生はこう言っていた。

「田中の母のフメさんは、しっかり者だった。父の角次は勝負度胸のある人で、馬や牛の商いを通じて事業欲も旺盛だった。酒を呑むと『オレほど偉い人間はいない』と胸を張るようなところがあった。ところが、当時の田中家では田植えや稲刈り時期になると、おやじは家にいたことがない。フメさんに任せっきりだった」

『私の履歴書』には、おばあさんも「庄屋の娘で、村の噂では三美人の一人とか言われ、非常な美人であった。見識が高く、それに喘息の気があったので、田んぼには入らなかった」と書かれている。

そこで、一町歩足らずの田んぼの世話や薪取りなどは、母フメさんの細腕一つにかかっていたわけである。

この先生も、

「それでもフメさんは文句一つ言ったことがないらしい。別にそういうことを苦にしない。あれで夫婦仲がいいのだから、フメさんは偉いと噂したものだ」

と述懐している。フメさんが一家を事実上切り盛りしている間、祖母のコメさんが角栄坊やの面倒を見ていたのだ。

フメさんは、ただ働き者だったというのではない。角栄少年の小学校四年生当時の担任であった金井満男先生は、フメさんの頭のよさと、群を抜いた記憶力について次のように語っている。

「私は、角栄少年は父母のよい面をそれぞれから受け継いだと思っている。父角次さんの『度胸』と、母フメさんの『頭のよさ』だ。あるとき、西山町のフメさんに会った。そうしたら、もうかれこれ四十年以上も前のことを、ちゃんと思い出した。私の好物の『のっぺ』を作ってやろうと言ったのには驚いた。八十歳を越えたおばあさんにこう言われて、思わずうなりました」

角栄坊やの胸にこうしたフメさんの深い、そしてかいがいしい姿が深い印象となって刻み込まれたのは、自然なことだった。

八十歳を越してもかくしゃくとしていたフメさんは、昔のことをこう言う。

「このあたりの農村の習わしでは、嫁が赤ん坊を産んでも遊ばしてはおかない。あんにゃは五月四日生まれだったが、四月いっぱい薪を切り、積み上げた。六月からは田植えだけれど、田植えは無理にしても草取りはした」

田中は「私の家には八、九反の田があった」と語っている。「いや、一町五反くらいで、当時としては田中家はこの辺では暮らしは上の部だった」と言う人もいる。

だが、いずれにしても田中家は、農業は本業ではなく、兼業農家あるいは農村的自由業とでも言うべきであった。

祖父の捨吉は大工で、土木建築の請負業もやっていたというのだから、角栄はこの祖父の血も継いでいるのかもしれない。角栄の記憶では「学校や村役場を建てるために飛びまわっていた。おじいさんの請け負った建物で最近まで残っていたものや、現存しているものもあるはず」ということだった。

父の角次は牛馬商、馬喰《ばくろう》を営んでいた。その上に、多少の山林も所有していた。角栄あんにゃは三、四歳頃の牛にまつわる出来事に深い印象を受けている。

父角次の抱いていた夢の一つは、北海道の月寒《つきさむ》あたりに大きな牧場を持つことだった。ある日、越後線の西山駅に牛が五十頭も貨車で運ばれてきた。夕暮れのかがり火のほの明るい中で、母フメさんが牛を世話している若い衆のために炊き出しをしている姿が、あんにゃの網膜にくっきりと残った。

この牛は朝鮮牛だった。父は角栄あんにゃに、

「この牛はおとなしくて小さいが、田を耕すのに使える。それに冬の間は太らせておいて春には肉牛として売ることができる」

と説明した。

父が「おとなしい牛だ」と言ったので、腕白なあんにゃは牛に近寄ってみた。ところが、牛は子供が小さいためか、構わず首を突き出してきた。あんにゃがあとずさりして逃げ出すと、牛はのしのしと追いかけてくる。あわてたあんにゃは怖さのあまり稲架《はさ》の上によじ登ると、牛はその下にゆっくりと寝そべってしまった。おそらく泣き叫んだ角栄あんにゃを見て、家族一同大笑いしたことだろう。

ところが、この父の商売が破綻する日が来たのである。当時、一頭が一万五千円もするオランダ産のホルスタイン種の種牛を父角次が輸入した。二頭を月寒の牧場に送り、一頭は新潟に置く考えだったらしい。

三頭で四万五千円。なにしろ米が一俵六、七円だった当時のことである。借金や手持ちの山林を売り払ったりで、ようやくまかなった。

その三頭は、横浜港までは無事に着いた。しかし、長い船旅の上に夏の貨車輸送が重なって、三頭とも西山駅に着いたときは霍乱《かくらん》を起こして死んでしまった。

「父の事業はこの不慮の事件を境にして悪化したようだ。その後はわが家からかつての華やかな気分が遠のいたような気がする」

田中はのちにこう回想している。

田中家の家運が傾きはじめたのは、角栄少年が小学校に入ってからのことである。このあんにゃの幼時から少年時代までの間に、越後の農村の外側の世界は激しく動いている。日本の経済社会は第一次世界大戦を経て飛躍的に発展していた。たとえば、大正八年の農林水産鉱工業の生産総額は百十八億円余りであり、これは大正三年の同三十億円台から約四倍に増加している。

この内訳を見ると、工業生産額は大正八年に生産総額の五十六・五パーセントとなり、農業生産額は総額の三十五・一パーセントになっている。工業と農業の位置が、大正初年と中期では逆転しているのである。

農村は地主制度の下にあったが、やはり大戦景気に沸いていた。卸売物価指数は、大正三年から八年の間に約二・五倍にも上昇した。ところが、このブームは大正九年の春に戦後恐慌に見舞われる。米や繭《まゆ》などの農産物価格は暴落し、農村の窮乏と小作争議がはじまる。

大正十一年には日本農民組合が創立されており、第二次世界大戦後の国会で社会党議員として活躍する羽生三七（長野）、三宅正一（新潟）などの社会活動家が、若き日の情熱を農村の運動に注いでいた。

二田村にも、こうした全国的な激動の波が押し寄せなかったわけではなかろう。しかし、間近に石油会社の油井《ゆせい》があり、その副収入もあるので、二田村では八反も田があれば、一応は中どころの暮らしができたと言われる。

もともとこの刈羽郡一帯は、江戸時代を通じて椎谷《しいや》藩の治政の下にあった。その約二百五十年の歴史の中で、いわゆる農民一揆とか、騒動で、同藩が混乱したことはない。ただ、「天明義民事件」という、当時としてはまことに珍しい出来事があった。

この事件は安永元年（一七七二年）頃から寛政四年（一七九二年）まで、約二十年間にわたったもので、二田村も含む柏崎一帯の領民が結束して、領主である堀氏の苛酷な圧政に抵抗したのである。その特色は、この時代に頻発した流血の農民一揆のような「武力抗争」ではなく、幕府の「最高裁判所」とも言うべき評定所に上訴したところにある。

この天明義民事件の「天明義民之碑」は、角栄あんにゃもたびたびお参りした二田物部神社に大正十一年に建立され、現存している。二十年余りの藩政と農民の争いの原因は、椎谷堀氏八代直著《なおあき》の側近であった池田七左ヱ門、三浦嘉内などの増税や不当の徴税にあったとされている。

当時の農民の収入は米作一本で、ほかに現金収入の道はなかった。池田、三浦らは領民に御用金と米租の前納を迫った。その金額は安永元年の九代直宣《なおのぶ》当時に六千余両に達していたという。

椎谷藩史の研究家で、同名の著書を出版している柏崎市の教育者、郷土史家である磯貝文嶺氏は「六千余両は当時の柏崎の蔵米相場から見ると、昭和四十年頃の貨幣価値で考えて一億円を上まわる」と推定している。

事件の詳細は同氏の著作に明快に分析されているが、同氏は「この地の農民の性格が穏やかであること、領主もそれ以上の強硬な弾圧を避けたこと」を義民事件が比較的穏健な方法で解決された理由としてあげている。

評定所の裁定は「義民側」の勝訴となり、寛政四年に「藩主著朝《あきとも》（十代）は不埒である」ことを理由に、幕府は堀氏の領地を二分する領地替えを行なっている。こうした穏健な気風は、その後もこの地に存続していたと考えられる。

いささか余談になるが、椎谷藩の代々の藩主は藩祖の直之《なおゆき》以来、馬好きの伝統があった。このため領内の椎谷には馬市が発展し、安政年間には「日本三大馬市」の一つと言われた。越後椎谷、安芸広島、奥州白河の馬市である。最盛期には、市には一万頭もの馬が出場したという。明治時代になるとさすがに下火になったようであり、大正六年に至ると六百頭程度に出場馬が減っている。

あんにゃの父角次が牛馬商を営んだのも、こうした土地柄を考えると、当然と言える。

進取の気性の激しかった角次は柏崎に集まってくる馬市を見て、広い世界への目を開き、一旗あげようと志したのではなかろうか。角栄あんにゃは、深い雪に埋もれた二田村の生活の底に流れる、こうした郷土の血と気風を受けて成長した。

小学校に入学した角栄少年は、父の度胸と母の頭のよさを受け継いで、教師たちを驚かすことになる。

腕白時代の先生たち

角栄少年は大正十四年四月に、小学校に入った。二田尋常小学校である。同校では、のちに田中が政界入りするときにも相談することになる草間道之輔先生が校長を務めていた。

草間校長は、優れた教育者だった。

「私の終生の恩師、長い教育生活を通じて、ついに生徒にムチをふるったことがないという立派な人である」

と田中は言う。

草間先生は、たいへんな読書家でもあった。当時を知る人は、

「学校の廊下をいつも本を読みながら歩いていた。本を読み終わると部下の先生や子供たちを集めて、目を輝かせてその本の中の『世界』を話し、みんなはどう思うかと尋ねた」

と回想している。

田中の幼年から少年期にかけての、小学校の先生による感化は大きい。優秀な小学校の教師団が、のちの田中の人格、教養の基礎を作ったことは確かである。

大正デモクラシーという時代相がある。大正期の教育は、明治時代のそれに比較すると大きく進歩した。田中が生まれた大正七年には、小学校の教科書が児童の自発的な興味を重く見る考え方を採り入れて、変わった。前年までは、日の丸の旗が最初に出てくる「ハタ・タコ・コマ」の国語読本《とくほん》だった。新国語読本は「ハナ・ハト・マメ・マス」ではじまる。内容を子供の日常生活に近づけ、口語文も以前より多い。

この尋常小学校国語読本は、全国のほとんどの小学校で使われた。表紙はうすずみ色。昭和っ子が小学校にあがる昭和八年に「サイタ、サイタ」の色刷りの読本に替わるまで、大正っ子は十五年間この読本を使ったのである。

教育界には、大正デモクラシーの流れとともに「新教育」の動きがあった。いわば「寺子屋式」の大人の押しつけ教育ではなく、子供に内在する善悪の判断や知的な関心を教育の助力で豊かに育てようという考えである。

各地の師範学校（教員養成学校）の中にも、この新教育に関心を持つ教育者が多くなり、優秀な若い教師たちが小学校の現場に赴任した。

小学校四年生の角栄少年を受け持った金井先生は、当時の小学校教師のことを、次のように回想している。

「当時の師範学校には、中学校の優等生しか入れなかった。小学校教師の社会的な地位は、第二次世界大戦後に大いに低下したと思う。その理由の一つに、教員の給与水準の低下があげられる。職業として魅力がなくなったのが教員の質の低下を招いたのではなく、待遇が不十分なために、デモシカ先生が出現したと言える。私が二田小に赴任した頃は、大学出のサラリーマンが月給三十五円くらい、師範学校卒は五十円だった。東大卒で一流企業、官庁に勤めても六十円どまりだったろう。私が言うのも何だが、昭和初期までの小学校の先生方には、教育に情熱を持った優れた人物が多かった」

このような熱心な教師の薫陶を受けた子供たちは、恵まれていた。先生たちの思い出によると角栄少年は一、二年生の頃はさほど目立った存在ではなかったという。だが、ずっと級長を続けた。

四、五年生になって、角栄少年はグッと頭角を現わしたという。成績表は二田小に保存されていて、席次は一年が二番で、あとは卒業まで首席を続けている。

金井先生が語る角栄級長のエピソードは尽きない。次に紹介しよう。

西山町付近はキノコを産する。マツタケも大きなものがとれる。ある日、金井先生は昼休みの雑談で「マツタケを実家に送ってやりたいなぁ」と呟いた。新潟師範を出て、二田小に勤務していた金井先生は、円満寺というお寺の奥座敷に下宿する身だった。

昼休みが終わって授業がはじまろうとしたとき、角栄級長が教員室にやってきた。なんと、ミカン箱二つに溢れそうになっているマツタケの山を級友とともに持ち込んできたのである。

角栄級長は昼休みにクラス全員を集めて、

「先生は親孝行だ。マツタケを実家に送りたいと言っているのでみんなで手分けして集めようではないか」

と提案したという。

たちまち五十人の生徒が裏山へ分け入ってマツタケの山が築かれたというわけだ。

ビックリした金井先生が、

「いや、集めてくれたのはありがたいが、なんとしても多すぎる。どうやって家に送ったらいいかわからないよ」

と言うと、角栄級長は憤然とした。

「何を言うんだ先生、どうしても全部送ってください。家で使えなければ近所、隣りに分けるだろうに」

一本とられた金井先生は、角栄少年の言う通りにマツタケを全部送った。その後、休暇で実家に帰った金井先生は驚いた。確かにマツタケは家ではとても全部は食べ切れなかったのだが、角栄が予想した通りに「隣り近所や知人へおすそ分けをして大喜びされた」と先生の両親が言ったのである。

「負うた子に教えられた心境でしたね」

と金井先生は苦笑していた。

同じ年の秋には「庭球事件」を起こしている。軟式テニスが盛んだった同校では、校庭の真ん中にテニスコートがあった。当然、高等科（＊尋常小学校高等科）の生徒がラケットを振りまわしてボールを追い、コートを独占する形となる。

同校には約七百人の生徒がいた。一、二年生たちは、思い切って遊ぶところもなくなる。こうした上級生の横暴を連日見ていた角栄少年は、とうとう意を決した。四年生の「あんにゃ」はグラウンドの真ん中に両足を踏ん張って、大声を張り上げた。

「ここはお前たちだけのグラウンドではないぞッ」

その気迫に押されて、高等科の腕白たちもテニスをやめてしまった。

ちょうど昼休みで、校舎の二階の窓からこの事件を目撃した金井先生は心配した。先生は角栄級長を呼んで注意した。

「高等科の生徒に放課後、なぐられるかもしれないから、帰りがけに注意しろよ」

すると角栄少年は、

「オレは怖れていない。絶対大丈夫だ」

と返した。

翌朝、金井先生は角栄少年が次のように言うのを聞いて、うなった。

「先生、何もなかった。オレが言った通りだ」

金井先生は言う。

「子供で、こんな筋道の通ったことを言い、見通しまでつけて、それが外れない。勇気もあるが、その判断の的確さには舌を巻きました」

ここで、角栄少年の善行ばかりを取り上げるつもりはない。腕白小僧時代のエピソードをすべて美化して考えることは、かえって少年時代の田中角栄の横顔を歪める結果になりかねないからだ。しかし角栄が活発で頭の切れる少年であったことは誰もが認めている。だが一方で、かなり神経質で気の弱いところもあったようだ。

たとえば、学校のそばにスズメの巣が見つかったときのことである。中には小スズメがピイピイ声をあげていた。このとき角栄は、

「ダメだ。かわいそうだ。スズメの巣をとってはいかん。絶対にとらせないぞッ」

と言い、級長の権力を発揮してスズメを守ったという。

また、昔から村人に「祟りがある」と怖れられていた用水池で、若気の至りとでも言うべきか、金井先生が「迷信をぶち壊す気で」ジャブンと飛び込み、泳いでしまった。親の言いつけや昔からの言い伝えを素朴に信じていた角栄少年は真っ青な顔になった。それから一週間くらいは「先生、祟りはなかったか」と毎日、先生に尋ねたという。

「祖先から伝わったものを大事にするしつけを幼時から受けていたようで、いまでも越後の古

いしきたりを重んじている」

と後日、金井先生は説明していた。

計算に裏打ちされた度胸と、先人の教えに対する素朴な畏敬。いわば、上杉謙信の軍略決断と、雪国の働き者の律儀。動と静の配合の妙である。

太平洋戦争中、ブーゲンビル島付近で不慮の死を遂げた山本五十六連合艦隊司令長官の生涯にも、この越後人の両面性がうかがわれる。

少年期のあんにゃの「事件」に、こうした印象を与える例が多いのは、それが越後人に共通する郷土性であり、人々がそれを心の奥底で一つの理想として期待しているからだ、とは言えないだろうか。

負けん気「まななき」

冬、越後の雪は深い。

小学校四年生の冬。角栄少年は学校で腹痛を起こした。担任の金井先生が、ひどい雪の中を背におぶって家まで送り届けた。家に着くと、父角次が角栄少年を厳しい顔で睨みつけた。

「お前、また鯉揚げの日についたように、嘘で腹痛だと言っているのではないだろうな」

鯉揚げの日の嘘、というのはその年の秋のことである。養鯉《ようり》業をやっていた父が、その日に鯉揚げをすることを角栄は知っていた。子供のことだ。学校では落ち着かない。病は気からとも言う。角栄級長が青い顔をして、腹が痛いと言うので担任の金井先生は早引けさせた。もともと鯉揚げが気になって起こったらしい腹痛なのだから、角栄少年の腹は近くの松沢の池で鯉揚げがはじまったら、ケロリと治ってしまった。

父角次はこのときのことを覚えていたのだ。たまたま、この雪の日も角栄少年の腹は家に帰り着いたら治ってしまった。

「なおった」

と言った。すると、

「お前、裸になれ」

と角次は命じた。そして戸を開けて、真っ裸に近い角栄少年を、音もなく雪の降りしきる中へ放り出した。

角栄少年は恐怖を感じた。

「父に殺されるのかもしれない——」

必死になって角栄少年は新雪を蹴散らして逃げた。振り返ると、角次が追いかけてくる。雪中のかけっこの末、捕まってなぐられるのを覚悟した角栄少年を、父は軽々と両腕に抱きかかえた。そして意外にも、そのまま家の中に黙って連れ戻したのである。

父のいわば「スパルタ教育」は、少年に大きな教訓となって残った。そのときから、昭和八年の春に高等科を卒業するに至るまで、角栄は一日も学校を休まなかった。

昭和初年、不景気風が日本中に吹き出した。田中家の暮らしも楽ではなくなってきた。しかし、二田小の先生たちの記憶には角栄少年が暗さを示したということは残っていない。ただこの頃、角栄少年の成績の優秀さに目をかけて、小学校五年修了で中学校に入学させようとしていた金井先生が、思わぬ出来事で二田小から離れていく。

ある秋の日、田中家に村の駐在所の巡査が訪れた。巡査は角栄に向かって、

「先生が学校の運動用具室に生徒を入れたことがあったか」

と聞いた。

角栄がこれを認めると、巡査は書類に拇印をとった。宿題をサボる常習犯の生徒を金井先生が叱り、級長の角栄に命じて剣道の用具室に入れさせた。それは十数分ほどの間にすぎなかった。ところが、巡査が来た翌日の地元新聞に「金井先生、生徒を監禁す」という見出しが大きく出たのだ。

ビックリした角栄少年は駐在所に駆けつけ、抗議を精いっぱいぶっつけた。しかし、子供の訴えである。「わかったよ」と言うだけで相手にされなかったという。

金井先生は、黙々と二田小を去った。転勤先は蓬平《よもぎだいら》というへんぴなところだと、角栄少年は聞かされた。少年の心には、世の中には真実といえども人々に受け入れられないことがあるという痛みが残った。

もう一つ、のちに田中が「無実の罪に泣いた悲しい思い出は私にもある」と語る、小学生の頃のエピソードがある。それは金井先生が去ったあとの、五年生のときのことだった。まじめに習字の手習いをしていた角栄の前の席で、力平君というやんちゃ坊主が笑い声をあげて騒いだ。金井先生に代わった笠原先生が「誰かッ」と叱った。ところが力平君は角栄少年の机をガタガタと揺さぶり、知らぬ顔をした。先生は「田中かッ」と怒った。

角栄少年は立って弁解しようとした。だが、運の悪いことに、その数日前の作文で角栄は「学校生活中、最初で最後の丙」という悪い点を笠原先生からもらったばかりだった。作文なのに、角栄少年が気に入った人の文章を半分くらい引用したことを先生は咎めたのだった。そのこともあったので、角栄少年は「頭にカッと血がのぼった」という。顔が真っ赤になるばかり――このとき角栄あんにゃの幼時からのひどいドモリが出てしまった。先生は口ごもっている角栄少年を見て、また怒った。たまらなくなった少年は、すりおろしていた真っ黒な墨を硯《すずり》ごと、力をこめて床に叩きつけてしまった。そうする以外に、もどかしさを表現できなかったのである。さらにその日の学校の帰り道、その朝、母から頼まれて買った電球を三つとも、角栄は道ばたの杉の根もとに叩きつけた。

この頃のことをある先生は、

「気の毒で見ていられなかった。ドモリを抑えてしゃべろうとするのだが、リキむとかえって悪くなる。最後にはウーンとうなって自分でひっくり返ったこともあった」

と言っている。

ドモリのことをこの地方では「まななき」と言う。「まななき」の苦痛との戦いは、角栄少年の最初の人生との対決だった。

電球を杉の根っこにぶっつけたとき、角栄少年は思わず「ヤーッ」と掛け声を出したのだが、この経験を、角栄は必死に生かそうとした。自信を持てばよい。山の奥で一生懸命に大声を出す練習をはじめたのである。そして、負けん気が「まななき」に勝つ日が来る。

苦難に直面したとき、なんとかしてその苦難に打ち勝とうとする人がいる。また、その苦難から逃れようとする人もいる。子供の頃から田中角栄という男は、前者の典型とでも言うべき人物だったのかもしれない。「まななき」の苦しみに悩みながら、まさに逆療法としか言いようのない奇抜な手段で、少年はその苦しさを克服しようとした。

それは五年生の学芸会のときだった。その劇の幕が開くと、会場は静まり返った。「弁慶安宅《あたか》の関」の一幕だ。主役の弁慶にはドモリの角栄が扮している。

じつは、角栄の「まななき」を知っている先生は最初「君は舞台監督をやれ」と命じた。しかし、山奥で放歌高吟してドモリを克服する努力をしていた少年は、この機会に自分の努力の結果を試す決心だった。

「絶対にドモらないから劇に出してほしい」

と泣かんばかりに先生に頼み込んだという。

この熱心さにほだされて、先生は角栄少年に大役を振ったのだ。

ドモリぐせのある彼がはたしてつかえずにセリフをこなせるか、と満場の人々は不安と心配の目で山伏姿の少年を見つめた。

角栄少年は、節をつけて歌うように言い出した。

「お急ぎ候ほどに、これは早、安宅の関に御着き候」

流れるようにセリフが口をついて出た。

勇気づけられた角栄は「勧進帳」のくだりを難なく読み上げることができた。

小学校五年生にしては、現在の国語教育の水準から見て、できすぎた話と受け取られるかもしれない。しかし、当時の小学生は現在に比べて、はるかに文語に親しむ機会が多かったのであろう。

それにしても、角栄少年が「弁慶」の大役を演じ終わると、われるような拍手喝采が会場を包んだという。

「じつは、私はこの大役をこなすために、二つの工夫をこらしていた。一つはセリフに節をつけ、歌うようにしゃべったこと。もう一つは劇に伴奏音楽をつけて、進行がリズムに乗るようにしたこと。このときの弁慶役の成功が、どれほど私にドモリ克服の自信を与えてくれたかわからない」

田中はこう書いている。この少年の日の「成功」について、田中は誇りを隠さなかった。

政治家に、欠くことのできない資質がある。それは、困難に対して逃避することなく、戦いを挑んで、しかも勝つことだ。このエピソードを語るときに、田中の両頬に笑みが浮かぶのを知っている政治家、ジャーナリストの数は多い。これを「自画自賛ではないか」と片づけることはやさしい。人々が政治家を見る目には、一種の軽侮感が浮かんでいることがある。その中には、政治家の自己顕示に対する嫌悪の念があろう。しかし、少なくとも保守政界の権力闘争の中を生き抜くためには、政治的実績の積み上げと同時に、そのことに臆することなく自信を持つことが要求される。言い換えれば、政治家は毎日、自信を再確認しているのである。

自信を持つだけでは済まない。その自信を、自己に限らず他人にも常に確認を求めなければならない。そして、政治の世界には「自己の主張を貫くこと」が勝利へ直結するという鉄則が存在する。

その限りでは、自己主張の強弱の度合は、政治家の成功を占う尺度なのである。

政界人として見るだけではない。少年期から成人して実業界に入る田中の人生を通して、成功と自信の絶え間ない確認と積み重ねの持つ意味を見逃すわけにはいかない。

この「まなき」克服の話は、一人の人間の意志力と努力、才能が運命的な災厄に打ち勝ったという、明るい響きを持っている。ところが田中は『私の履歴書』でこの話を述べたあと、引き続いて次のような思い出を記している。

それは七、八歳の頃のことだ。父の持ち馬である二、三頭の競走馬に毎日運動をさせることが、角栄少年の役目だった。「栗毛の駒に鞭をあげて――」と覚えたての歌を口ずさみながら、角栄少年があぜ道に馬を走らせていた。

すると突然、五、六歳の女の子が横合いから飛び出してきた。角栄少年は全身から血の気が引く思いがした。避ける暇もない。馬は角栄少年を馬上にしたまま、女の子の上に突っ込んだ。ところが蒼白になった少年が振り返ると、女の子はケロッと道の真ん中にいる。馬が本能的に飛び越えたのだった。

ドモリの弁慶の話を「人生とは、本当に何が幸いするかわからないものだ」と締めくくった直後に、なぜ田中はこの馬と女の子の話をつけ加えたのだろうか。推測するほかはないが、田中には「人生には努力して勝ち取れるものと、人の力では如何ともなしがたい運命的なものがあるのではないか」という諦念が潜在していたのではないだろうか。

この二つの想念は、その後の田中の前半年の旋律の主題と副主題のように、交互に波打って流れ続ける。

進路の選択――独学へ

大正末期の戦後不況は、昭和に入ってさらに深刻化した。角栄少年が二田小に在学している間、大不況は継続した。昭和元年から昭和六～七年頃までの間に物価は三十五パーセントも低落した。

昭和六年が不況の底で、七、八年には回復のきざしが見えるが、元年から六年までの間に国民所得や株価は三十パーセント程度下落。鉱工業生産も二十五パーセントも落ちている。

こうした不況は、国民生活を窮乏の底に突き落とした。都会や町には失業者が溢れた。大学の卒業生が就職できず、「大学は出たけれど」という嘆きが、はやり言葉となった。

農村では、わずか十円の年越し資金にも事欠く家庭が続出した。繁盛するのは庶民金融の質屋だけだったという。

父の角次は競走馬二、三頭を各地の地方競馬に出していた。新潟競馬場にその馬が出ることになり、「今度こそ勝てる」と角次は期待をかけていた。しかし、運悪く、馬はレース中に怪我をして望みは絶たれた。

すると父から「五、六十円の金を送れ」という電報が家に舞い込んだ。母のフメさんは、角栄少年を借金の使いに出したくなかったが、結局角栄は親類に借金に行った。そのとき、

「お前のおやじもなかなか思うようにはいかんな」

と親類の材木屋のおじさんが呟いた。

自分の父は認められずに、その不運を指摘された——。少年の胸に苦い思いがしみ込んだ。

「このひとことが、いまも私の耳に残っている」

のちに田中は言っている。

角栄少年はこの金を列車に乗って父のもとに届けた。そして父が「角栄、待て」と言う間もなく、ひとことも父としゃべらず家に帰った。

父のところへ列車に乗って行く途中に、家の田んぼで田植えをしている母の姿を見た。角栄少年は、一生懸命手を振った。母も手を振ったという。母想いの少年の心に、この金は母が田んぼで働いて得る金の何倍にあたるのだろうかと疑問が浮かんだのであった。

こんな不運にもめげずに、フメさんは角栄少年のために小学校の先生に「旬の野菜」などを届ける心遣いも示した。

「うちの衆が、これを先生に、と言ってよこした」

角栄少年は照れながら、担任の先生のもとに持っていったという。

学校での角栄少年は抜群の成績を示した。ある先生は、

「ほかの生徒に比較して、よすぎて成績のつけようがない。参った。先生ならどうしますか?」

と先輩の教師に相談したほどである。

角栄少年に目をつけた前出の金井先生などは、自分の下宿のお寺に角栄を泊まり込ませて特訓したほどで、五年修了で柏崎の中学校に進学することを勧めた。

田中はのちに「しかし、母の苦労を思うと中学には気が進まず、小学校の高等科に進むことにした」と淡々と語っている。

長岡市助役や、越後交通の副社長を務めた庭山康徳氏は、

「田中家を含めて、当時の刈羽郡一帯は比較的に余裕のある生活だったと思う。山林を持っている農家などでは、無理をしてでも子供を進学させようとする気風もあった。しかし、その一方で、越後人は上京して働くのが当然だという考えもあった」

と言っている。

フメさんは角栄少年を「越後線の駅員にしたかった」と考えていたらしい。昭和二十二年に角栄が代議士に初当選した頃、人にそう洩らしたという。

「フケイキー、フケイキー、と汽笛を鳴らす越後線の駅員が、長年苦労した母には、安定した仕事と映っていたに違いない」

と田中は書いている。

父角次は角栄に、

「中学にも大学にも行かせたかったが、志と違って事業がうまくいかない。だから上級学校にやれなかったので、お前にすぐ仕事についてもらおうという気は起こらなかった」

と後年語ったという。

「残雪はなお軒下にうずたかく、いまだ冬の名残《なご》りも去りがたけれども、わが二田の里にも、更生の春が訪れようとしています――」

角栄少年は卒業生総代として、苦心の答辞を読んだ。

「一高、東大のコースでも、当時競争の激しかった海軍兵学校の合格も保証できた」

か疑問である。

と先生方は惜しんだ。だが、進学コースを選んだとしたら、その後の田中があり得たかどう

官界に入るにせよ、実業界のエリートコースを走るにせよ、田中は組織の大枠の中にこぢんまりと生きる器ではないと思われる。しかも、これらのコースに乗った場合、その組織は有能な田中を手放そうとはしなかっただろう。

そこから政界への道が開かれていたかどうかはわからない。推測しても五分五分といったところだろう。独立、独学で社会への道に乗り入れたことが、かえって政界への近道になったと考えられないでもないのである。

小説家にあこがれて

角栄が高等小学校を卒業したのは昭和八年三月である。その春から初夏にかけて、角栄少年は家で中学講義録を読んだ。

山間の残雪が消え、木々にやわらかな若葉が萌《も》える。多感な少年は勉強だけで一日がおさまるわけはない。家にある『明治大正文学全集』なども読みふけった。大衆雑誌の『キング』や姉たちのとっていた『婦女界』までも耽読《たんどく》したという。

また、角栄少年は、暇を創作にあてた。新潮社が雑誌『日の出』を創刊することになり、懸

賞小説を募集していたのだ。いささか早熟な角栄文士の処女作は「三十年一日の如し」という小説だった。一等入選の夢も抱いていたらしい。

結果、一等にはならなかったが、選外の佳作にでも入ったらしく五円の金が新潮社から贈られてきた。彼の生涯で自ら稼いだ最初の金である。

「私の最初の収入は原稿料なのですよ。子供の頃、文士にあこがれましてね。モノを書くということでは、皆さんの先輩かな」

若い新聞記者が自民党担当記者として挨拶に来たりすると、田中はニヤニヤしながらこう言うことがあった。

余談となるが、田中は文章にうるさい。几帳面と言ってよい。多くの政治家は秘書や役人に代筆をさせる。文意さえ通れば、文章にはあまりこだわらず、悪文であっても平気である。

田中はのちに、幹事長、蔵相などの激務の最中でも、可能な限り自ら筆をとった。やむを得ず代筆させるときでも、でき上がった原稿に、納得のゆくまで赤筆を入れた。

そして、簡潔なインタビューであっても、口述がそのまま原稿になるように配慮する。その文体は簡単な散文調である。田中が二度目の自民党幹事長当時、私は田中の記者会見や即席の談話のメモが、そのまま新聞の文章になるのに驚いた。その明快な文章、文脈は皮肉なことに、田中が佐藤派の総帥として総裁、総理に担ぎ上げた佐藤栄作首相のあいまいで不得要領の発言、国会答弁と対照的であった。

文章は、その人の思考の内容を物語る。

政治家田中角栄のインタビューが終わってからテープレコーダーで再三反復して聞くと、対談の際には会話の流れの中で印象が薄められる文脈の論理性が、鮮やかに浮かび上がってくることがよくあった。頭の回転が速いという世評の通りである。聞き手のほうで油断していると、さりげない話の展開の中に、事の本質をつく田中のものの見方が埋もれてしまうことがあった。

作家としては、少年期の田中は独歩、樗牛《ちょぎゅう》、蘆花が好きだったという。田中の文章は、男性的だ。その文章の論理性と具象性は、いわゆる日本的な情緒過多の装飾性を排している。ところが、こうした明晰な文章と思考の裏に、ときどき少年の頃のような感傷が溢れることがある。少年時代に小説家を志した「ロマンチスト」の名残りなのだろう。

さて、昭和八年の夏には、角栄少年はいまで言うアルバイトもやった。不景気対策で、県は国の補助のもと救農村の土木工事をやっていた。田中家の前を通る道路の改修工事がはじまり、村の老人も若い衆も、おばさん連中も出て働いた。

「母の買ってくれた新しい地下たびをはき、土方の一人となった」

と田中は述懐している。

真夏の一カ月、一日も休まず角栄少年は働いた。「われながらよく働いた」と思った。

給料の支払日が来た。男の日当は七十五銭、女は五十銭だった。少年とは言いながら、少なくとも角栄少年は女よりはよく働いた。そこで、男と女の間をとって日当六十五銭はもらえるものと、秘かに胸算用したという。だが、受け取った給料は一日五十銭ずつ、女と同じ率で計十五円五十銭だった。

角栄は腹を立てた。「私の労働が正当に評価されていないではないか」と思い、翌日から彼は土方をやめた。すると請負業者から使いの人が来た。ほかの人たちの倍は働いていた角栄がやめたので、「六十銭出すから来てくれ」と妥協案を持ってきたのである。

田中は「土方の勉強は十分した」と断わったのだが、何回も来るので、しまいには「将来、勉強して技術を身につけ、土方の監督になるつもりだから——」と突っぱねた。

ところが、この断わりの言い訳が現実化してしまう。当時の県の土木派遣所は柏崎にあり、その派遣所で雇員を募集していた。角栄は親類のおじさんに勧められて応募した。すると八月の半ばに、本当に採用通知が来た。二十人もの応募者の中で彼の履歴書が一番よく書けていたからだ、という理由はあとでわかった。

彼に五十銭しか払わなかった関組という土木工事の請負業者はビックリした。雇員とは言いながら、半月もしないうちに彼が工事を監督する役所の一員となってきたのだから——。

「おみそれしました」

と頭を下げたという。

「三番」への恋心

田中は、柏崎の土木派遣所に翌九年の春まで、約半年余り勤めた。

標高一千メートル弱の小峰ではあるが、雪をいただいて姿のよい米山を背景に、日本海の荒磯と淡い藍色の波に面した柏崎の町は、角栄の青雲の志をはぐくむにふさわしい古い城下町である。

すでに、あんにゃは少年ではなく立派な青年に成長した。

柏崎時代のいくつかの青春のときにふさわしい思い出は、『私の履歴書』に詳しい。この柏崎の思い出を語る一節は、履歴書の中でも白眉であると思う。

柏崎での半年余りは、あるいは角栄の青春の中で、最も鮮明で美しく、そして不安の中にも楽しく過ごした時期なのではなかろうか。はじめて実社会に足を踏み入れた青年の、自由で気負った生活ぶりが、履歴書の記述の中に息づいているかのようだ。

とくに「電話三番」とのエピソードは、さながらに短編のストーリーを読む思いがする。前後をはしょって、その部分を引用させてもらうことにする。

「役所の電話は柏崎の一番であった。警察が二番で町役場が三番、四番が税務署、五番が郵便局であった。役所の電話は郡役所の一番を引き継いだものと思われる。

町役場の三番から県土木部の出張所である派遣所の一番へは、電話連絡が日に何回となくある。

また、一番から三番への連絡も相当なものである。いつも三番からの電話は声のきれいな女の人からである。お互い声ばかりで名も知らない一番と三番は、そのうち時間外の夕方でも『一番さん』『三番クン』と電話を交換するようになった。

彼女は私より三つ年上であった。勝ち気な人であったが、利口で心の温かい人でもあった。その頃地方の映画館に上映中の『大学の唄』などを二人で観に出かけたこともある。私が講義録で勉強していたり、いつか東京へ出て勉強する希望のあることを知っていた彼女は『東京へ早く出られるよう神様に祈ってあげるわ』と励ましてくれたこともある。

冬は鵜川の河口が漂砂でせき止められて、げたばきのままで渡れるようになっていた。右手の波の上に佐渡の金北山がよく見える日、磯づたいに三ツ石を通り番神岬まで歩いた。そして番神堂へお参りするのである。

（中略）

昭和九年も三月に入ったある日、隣村の村役場の土木係をしている土田という老人が、君は希望通り東京に勉強に行ける、と言って駆け込んできた。話はこうだ。

『先日、理研の大河内正敏先生（＊子爵。旧大多喜藩当主。当時、理研の工場が柏崎にも進出していた）にお会いした。君の向学の希望を述べたところ先生は承諾された。君は大河内邸の書生として学校へ通える』

私はこの老人の好意を心から感謝するとともに、さっそくその日のうちに母の承諾を求めるべく行動を起こした。

（中略）

三月二十七日午前九時。その日は朝から晴れ渡り、雪の米山は美しく輝いていた。信越線回り上野行きでいよいよ私は上京するのである。柏崎駅には町村関係者が三、四十人も見送りに来てくれたが『電話三番クン』の見送りのないのは寂しかった。鈍行列車が次の駅に着くとホームにポツンと一人『三番の彼女』が立っていた。

人目に立つことを怖れて次の駅を選んだ彼女の賢さがよく理解できた。停車時間は三十秒で、話す間もなく汽車は動き出した。私の振ったハンカチは彼女の手に残ったし、彼女から手渡された手紙には『よく勉強ができますよう、お番神さまに参ります』と記してあった。

それから満十二年。昭和二十一年三月、戦後第一回の衆院議員総選挙に立候補した私は、柏崎小学校の講堂で第一声をあげたその日、何百人かの聴衆の最前列で子供を両わきにした一人の母親に目をとめた。柔和で、そして落ち着き払ったその人は『三番』の彼女であった。私は深い感謝の気持ちで眺めるとともに、心から彼女一家の幸せを祈ったのである。私の気持ちが通じたのか、彼女も目礼したようだ。二人とも、大人になったのだ」

この年、昭和九年、満州国は皇帝溥儀《ふぎ》の帝政を実施した。夏にはヒトラーがドイツの総統に就任した。秋には中共軍の大長征がはじまった。年末には岡田内閣がワシントン海軍軍縮条約の廃棄を通告した。

世界動乱の予兆が見えるようなこの年の春、田中は上京する。

「あの頃あんにゃはよく、ブラジルにでも行くか、などと言っていた。この子はろくなものにならないかな、と心配しましたよ」

フメさんは、柏崎から青雲の志を抱いて上京するわが子の姿に、世間の母親並みの不安を抑え切れなかったという。

「今日のためにお前の給料はそのまま積んでおいた」

フメさんは、上京する角栄にそう言って、かなりの額のお金を手渡した。

柏崎から直江津を経て、高田、関山と通る列車に角栄は乗っていた。窓外の山々や木立の間の残雪が飛ぶように消え去った。

長野から軽井沢に着くと雪はなくなった。

小学校の地理で教わった碓氷《うすい》峠のアプト式の鉄道を確かめてみるため、角栄は身体を列車の窓から乗り出した。

列車が高崎に近づく頃、日は落ちて暗闇があたりを覆った。角栄は自覚しなかったに違いないが、戦乱と暗い谷間の時代が、夢多き青年の前途に重く立ち塞がっていたのである。

第二章　田中上等兵の反骨

中隊長殿、条件がある

昭和十五年春、北満州。ソ満国境にほど近い平陽鎮の盛岡騎兵第三旅団、第二四連隊第一中隊本部は大騒ぎだった。

この日、連隊本部から「二年兵教育計画書」が「ずさんだ、作り直せ！」と突き返されてきたのである。計画書は年度ごとに連隊本部からさらに旅団、軍司令部にまで提出する。すでに提出期限まで余す日時は二日しかない。徹夜で計画を練り直し、お得意の「早馬」で連隊本部まで届けねばならない。責任者の中隊長の顔面は蒼白だった。

中隊幹部は首を集めて、計画の作り直しの知恵を出し合った。二日目に代案はできた。そこまではよかった。だが、作り直す計画の草案を清書せねばならない。万事、形式や格式を重んじる帝国陸軍のことだ。計画書は軍司令部の「お偉方」が一目見てわかるように、方眼紙にきちんと作図し、書き上げる必要があるのだ。

「少なくとも一両日はかかります」

と清書を命ぜられた古参下士官がまず音《ね》をあげた。そもそも、ずさんだという理由で突き戻された計画書のことだ。十分に計画を練り直すとともに、一字一句の間違いもなく清書しなければ、再度の難くせをつけられるおそれがある。

春なお寒い北満州の気候だが、中隊長は脂汗を流していた。振り向いた中隊長は本部付きの見習士官、片岡甚松を呼んだ。

「片岡見習士官、本部付きの田中上等兵はおらんか」

ワラをもつかむ思いの中隊長は、本部付きの田中角栄上等兵が「建築家」で、中隊の厩《うまや》を設計したことを思い出したのだ。

「はい、田中上等兵なら、いいと思います」

片岡見習士官も、そう答えた。赤ら顔の田中上等兵はただちに中隊長の前に呼び出された。

中隊長は、ため息をついた。直立不動の姿勢はとっているが、この上等兵は、なにか普通の兵隊のように上官の前で縮み上がるような「しおらしさ」を感じさせない。よく光る目は、中隊長の顔を穴のあくほど見つめている。袖には、忠実な上等兵、古参兵なら必ずつけている山の形をした「精勤章」が一つもない。中隊の上等兵で、つけていないのは田中上等兵だけなのだ。

「お前に頼むほかない。今夜中になんとか書き上げろ」

中隊長は命令した。田中上等兵は、一瞬沈黙した。

後年、政治家となって人々を驚かせる田中の人並みをはるかに超える回転の速い頭脳は、この数秒間に的確にソロバンをはじき出した。

「中隊長殿、わかりました。御命令ですからやりましょう。しかし、それには条件があります。要望することを聞き入れていただかないと、これは軍隊の仕事ではなくて職人の仕事なのだから、請け負いかねます」

片岡見習士官は息を呑んだ。市ヶ谷の陸軍士官学校を出て、張り切って北満州の第一線部隊に着任したばかりのこの青年士官は、田中のこの態度にあきれ返った。ここは娑婆ではない。帝国陸軍の中隊本部である。「上官の命令は、朕の命令と思え」という統率の厳しさでは、おそらくドイツ陸軍と一、二を争ったであろう日本陸軍だ。一上等兵が「中隊長、条件がある」とはなんたることか。

だが、次の瞬間、片岡見習士官はもう一度仰天した。

「よかろう。そのようにやれ」

中隊長は、そう答えたのだ。

田中上等兵はニッコリと笑った。窮地に立っている中隊長が、計画書の完成のためなら何でも譲歩する心境であることを田中の天性の勘が、見破っていたのである。

それからがたいへんだった。日頃、田中上等兵をいびっていた古参下士官連中が本部に集められた。

「曹長、ピンを持ってオレのそばに来てくれ」

田中上等兵は古参の曹長、軍曹をアゴで思うままに動かした。エンピツや定規を持った上官たちが机のまわりを走り、将校は田中のあとにくっついて歩いた。

「これは、上等兵がやっていると思われては困る。建築や製図の技師のしきたり通りにやらしてもらう」

屋外は果てしなく国境の彼方まで続く大湿地帯、ツンドラの原野である。本部内に赤々と燃えるストーブの前で、田中上等兵は軍服を脱ぐなり、上半身裸となった。

「コップに酒だッ」

すぐに中隊長が当番兵に日本酒の一升ビンを持ってこさせた。畳一枚くらいの訓練科目表が、みるみる清書される。田中に意地悪をしていた曹長が田中上等兵に命令されている。

片岡見習士官は、いまや感嘆していた。「これは田中の勝ちだ」と思った。

中隊長以下、全幹部が一上等兵の指図を受けて、文句一つ言わずに従っている。

「この男は、兵隊としてはなっていないが、たいへんな男だ」

片岡氏は、こう田中を再評価した。

計画書は、北満州の夜が白々と明けはじめる頃、でき上がった。中隊から早馬の伝令が、連隊本部に急いだ。この日から、山形（精勤章）一つない問題兵であった田中上等兵の中隊本部での地位は一変した。

軍隊小説や兵隊やくざものの映画にも出てきそうなこのエピソードは、フィクションではない。

常日頃、理不尽な上官に痛めつけられている兵隊が、最後に復讐する。それも正面切っての反逆や深刻な仕返しではなく、形だけの権威をカサに着た上官の仮面を剥いで見せる——という筋書きは第二次世界大戦後のアメリカ映画にもよくあった。

平和な今日でこそ、スクリーンの上の石頭の将校を笑い、正義派の兵隊さんに拍手を送ることができる。しかし、兵隊やくざを戦後にカメラの前で演ずるのではなく、天皇の軍隊の中で、実際に「男の意地」を貫き通す「勇気」は並大抵のことではない。この「中隊本部の秘話」を語ってくれたのは、かつての見習士官、越後交通専務の片岡甚松氏である。

越後交通は、田中と最も関係の深い企業であるし、兵隊以来の田中、片岡両人の親しい間柄から見て、多少は「英雄伝説化」したところもあるかもしれない。だが、このエピソードには片岡氏以外にも証人はいる。

ところが、聞く人の拍手喝采を浴びそうなこの事件は『私の履歴書』には割愛されている。終戦直後の昭和二十二年に初当選した頃ならともかくとして、すでに蔵相、幹事長の要職にあって、政界に重きをなしていた田中は、この秘話を大人げないと考えたようだ。

軍隊時代の田中をここでとくに取り上げたのはほかでもない。この軍隊生活の辛苦の物語の中に、田中が後年、政界を志す伏線が埋没しているのである。

ここに登場する田中は、文学青年や海軍軍人を夢見た多感な若者では、すでにない。雪の新潟から上京、苦学を重ね、世の荒波というありきたりの言葉では言い表わせないほどの経験をくぐってきた一人前の男が素顔を見せる。

地獄とも並び称されるような旧陸軍の内務班生活の中で、ケロッとして生き抜く男の知恵と、激動の時代の流れを見極めようとする逞しい判断力に、目を見張った戦友の数は少なくない。

本人も否定していないが、在満当時の田中は決して模範兵ではなかった。

前出の片岡見習士官が、市ヶ谷から緊張し切って部隊に着任したときのことだ。仮の中隊本部ではあったが、門には衛兵が着剣して立哨している……いや、立哨していなければならないところが、門衛の位置には誰もいない。

折りも折り、ノモンハンで日ソ両軍の硝煙が漂っているときである。ノモンハンの戦場に乗り込むつもりでやってきた片岡見習士官は、この軍紀の乱脈に怒り心頭に発した。

「何をしとるのか――」

大あわてで衛兵の詰所から飛び出してきた兵隊の姿を見て、片岡見習士官はさらに頭に血がのぼった。軍帽のない者、上着のボタンをだらしなく外している者――。

「このバカヤロー!」

片岡見習士官のビンタが飛んだ。

「ビンタというよりは、本気でぶんなぐった」

と片岡氏は言う。

「貴様らの名前を曹長に報告しておくぞ」

と怒った。

戦後田中は、

「あのときは痛かったぞ」

と誰をなぐったかは忘れてしまった片岡氏をなじった。怠け者衛兵の一人は、田中だったのである。

田中は、昭和十四年の春、北満州の騎兵第三旅団に現地入隊した。部隊は当時の三江省（現、黒竜江省北東部）宝清に旅団本部を置き、田中の入隊する第二四連隊は、富錦《フーチン》という人口七〜八千人の町に駐屯していた。

田中をはじめ新兵たちは、北朝鮮の羅津《ラシン》から汽車で佳木斯《チャムス》まで送られた。そこからトラックで富錦まで輸送されるのである。

「皮膚にあたる満州の風は春、とは名のみ、刺すように強い寒さであった」

と田中は回想している。

トラックに揺られて北満州の荒涼とした原野を走るうちに、物珍しそうに外の景色を眺めていた初年兵たちは皆、黙りこくった。

「ここは御国を何百里、離れて遠き満州の、赤い夕陽に照らされて、友は野末の石の下」

この哀調を帯びた軍歌そのままの感慨が、田中の胸の中にも去来した。

そんな沈みがちな新兵さんの気持ちを引き立てるように、田中は満州小唄を口ずさんだ。

「わたしゃ、十六、満州娘――」

まわりの新兵さんは、なんと図々しい奴がいるものだ、と見ていたという。それに、田中は当時、鼻下にヒゲを蓄えていた。

「入隊までの私は大人の群の中に入って適当に付き合っていたし、分不相応な収入もあって、遊びの味も少しは知っていた。春の遅い北満州の富錦の民家転用の兵舎に着いた頃は、明朗闊達すぎて、新兵らしくない振舞いが多かったらしく、古兵たちにはよく思われなかったらしい」

　と田中は当時を振り返っている。

じゃじゃ馬「久秀」

　泥壁、木造の民家が中隊の兵舎だった。その晩から、田中初年兵の受難がはじまった。田中二等兵ら新兵は、兵舎に落ち着く間もなく、その晩には内務班の私物検査を受けた。私物を全部食卓の上に並べさせられる。

　田中二等兵は、満州に入るまでに戦友に大盤振舞いをするなど、持っていた金約二百円をすっかり使い果たしていたが、いくらかでも現金を持っている兵隊は、強制的に貯金させられた。旧帝国陸軍の兵隊には、いまで言うプライバシー、私生活はゼロなのだった。

　田中新兵は班長から、

「もうこのほかに何かないか」

　と質問された。口ごもっている間に、班長の軍曹は田中のからっぽの財布の中から小さなプロマイドを取り出した。

「これは誰だ」

「私の好きなタイプの女です。こんな女を将来自分のワイフにしたいと考えます」

写真は、当時の映画『オーケストラの少女』の主役で有名となったハリウッド女優ディアナ・ダービンだった。

次の瞬間、田中は頬を突然はり飛ばされた。

「突然、まったく突然――」

と田中はのちに嘆いている。なぐられた理由は、あってなきが如きものだ。第一に、懐中に無一文。第二に、自分のワイフ（妻と言わなかった）にしたいという女の写真。第三に、それが敵性国家の女優。

この三点の理由に気づいたのは、ずっとあとのことである――と田中は書いている。

翌日の昼過ぎ、兵舎の入口のそばで靴の泥を落としていた田中二等兵は、誰かに呼ばれたと思って顔をあげた途端に、右の頬にビンタを食った。

「何をするッ」

とわめく間もなく、左の頬にもビンタが飛んできた。三つ目のビンタが終わって、古兵はビンタの理由を教えた。第一は営内靴をはいて営庭に出たこと。第二は上官に欠礼したこと。第三は厩舎《きゅうしゃ》のそばは禁煙となっているのに、くわえタバコであったこと。

それらが軍隊の規律ならば、もっともなことではある。「たいへんなところに来た」と不敵な新兵さんも考え込んでしまった。

そんな新兵時代の田中二等兵の失敗談の最たるものは、身上調書に「得意は乗馬」と書いたことだろう。確かに、子供の頃から父の競走馬を乗りこなし、馬には自信があった田中二等兵である。しかし、騎兵連隊は乗馬のプロフェッショナルの集団である。「得意なら、じゃじゃ馬でも乗りこなせるだろう」と上官が意地悪く判断したようだ。前出の片岡氏や、戦友の高野清治氏は、

「田中二等兵は久秀号《ひさひで》というサラブレッドを与えられた。この馬がたいへんなクセ馬だった。カンの強い馬で誰もが持て余していた馬なので、生意気な田中という新兵に押しつけてやれ、ということだったらしい」

と回想している。

そうとは知らない田中二等兵は、入隊してから二、三日経ったある日、野原で、丸太で作った障害の前に久秀に乗ってさしかかると、

「田中ッ、これを飛んでみろ」

と軍曹に命令された。

横に並べられた丸太を、軽い気持ちで飛び越そうとした田中二等兵は、アッという間もなく馬から振り落とされた。久秀は意地悪の本性を発揮したのか、障害を越さずに、横にそれて逃げたのである。田中はそのはずみで馬の手綱を放してしまった。騎兵が戦闘中に馬を放すこと

は「すなわち死ぬことを意味する」と田中も言う。

騎兵としては致命的な失敗だ、という理由で、田中二等兵は馬の鞍を背負わされて、駆け足で乗馬隊のあとを追うように命令された。この久秀号は夜になると厩舎で暴れて、柵《さく》を破って逃げ出したこともあったと、高野氏は記憶を辿る。

入隊前に実社会であらゆる苦労は経験済みだ、という顔をしていた田中にとっても、地獄にさえたとえられる「内務班生活」は厳しい試練だった。

兵隊やくざ

田中が、すぐ下の妹のユキ江さんの訃報を受けたのは、新兵時代の第一期検閲の日だった。田中の抑え切れない悲しみは、検閲の場でも隠せなかった。しかし、鬼の軍曹もその晩、このわけを知り、「そうか、そうだったのか」と理解してくれた。

じつは、ユキ江さんの不幸については、取材記者としての私のちょっとした失敗の思い出がある。田中の幹事長時代に、いわゆる朝駆けで目白の私邸に押しかけたわれわれは、田中との政治談議の合間に、田中番記者の一人に間もなく産まれる赤ちゃんの名前、命名についてたまたま話し合った。

その雑談の中で私は、以前、作家の伊藤正徳氏が旧帝国海軍の歴戦の一等駆逐艦『雪風』の武勲と奇蹟的な幸運を指摘し、伊藤氏が、子供には「ユキ」の字をその名につけたい、と書いていたことを持ち出した。ユキ江さんのことは不注意にも念頭になかった。おそらくこのとき田中に、妹ユキ江さんの幸薄い記憶の痛みを、この不用意な発言で想起させてしまったようだ。あとにして悔やんだことである。そのとき田中はさりげなく、ほかに話題を移したように思う。

さて、田中二等兵の「地獄の内務班」の話を続けねばならない。新兵さんは、古兵から一週間のうちに二晩も三晩も班内で「ヤキ」を入れられた。銃や軍刀の手入れが悪い、というのが最初のうちの理由である。そのうちに田中初年兵は要領を覚えて、予感のする日には銃も軍刀も手回り品も万全の備えで手入れをしたのだが、結局はいつもと同様にパンチを二、三発食った。

「どこがいったい悪いのですか？」

と田中は逆に食ってかかった。

ところが、

「その態度が悪いんだ！」

と余分にまたパンチを一つ食う始末だった。

またあるとき、ラブレターを上官に見つかった田中は、ものも言わずにその手紙を口の中に放り込んで、ムシャムシャ飲み込んでしまったという。

しかし、初年兵から一等兵になる頃には、田中は早くも、社会から隔絶されたこの「真空地帯」に適応する道を見つけ出した。

同連隊本部の暗号兵をしていた松木正次氏は初年兵時代、要領よく酒保（兵営内の売店）係をしていた田中の姿をよく見かけていたという。その後、松木一等兵は、連隊本部の「兵要地誌班室」で田中一等兵と「再会」する。

田中は有賀中尉という叩き上げの将校のもとで、達筆と才能を見込まれて勤務していた。松木一等兵は、田中のところに「定期便」とあだ名されるくらいにほぼ二、三日ごとに慰問袋が届くのを見て、ビックリした。しかも「彼女」から届けられることは、そのあて名の女文字から推察された。

ところが、一兵卒の身では内務班内で自由に慰問袋や恋文を見る時間はない。そこで、田中が目をつけたのか松木一等兵が提案したのか、窮余の一策で松木一等兵の勤務している暗号室が慰問袋の中身を広げる個室として利用された。暗号室には上官といえども無断で入室できないので、その「密室」は保障されているのだ。

田中は、相当にノロケたらしい。慰問袋の「おすそ分け」にありついた松木一等兵は「懐かしい彼女をまぶたに浮かべるようにして私に語らった」と回想している。この経緯を松木氏は「つれづれ草」と題して克明にノートに記していた。

また、戦友の高野氏は、田中とまったく同一中隊の同じ班に入隊したため当時の記憶は鮮明である。

あるとき、北満州の金剛台という前線の陣地に、小隊長以下四十名近くで派遣されたことがあった。このときも田中は酒保係だった。兵隊は給料までも強制的に貯金させられたため金が不自由で、酒を呑むなどもってのほかだったのだが、ある日、田中がいきなり、

「食事が終わったら一杯呑もうや」

と威勢よく声をかけてきたので、高野氏と松木氏は驚いた。

夜、酒保の部屋に五、六人が車座になって集まった。酒保係の田中が一升ビンを持ち出してきた。洗面器に酒を入れ、一升ビンを棚に戻して茶碗で酒盛りである。酔うほどに田中が、

「オレは男として生まれてきたのだから、いつかは代議士となって神聖な議場で思うことをやってみたい」

と言うのを聞いて、高野氏はいささかあきれた。北満州の前線にへばりついている兵隊の身で、どうしてそんなことが考えられるのか。

「そういえば貴様は広島に入隊のために集合したときも、政界に打って出たいと言っていたな」

と高野氏は田中の顔を改めて見直したという。

当時の軍隊では、週に一度、中隊長が精神訓話をやった。その訓話に対して、質問の皮切りをするのが田中だった。思ったことはズケズケと言った。

「このやろう――と睨まれるタイプの兵隊だったが、聞くこと、質問することがほかの兵隊とは違って政治的な問題にまでおよんだ。すでに、日本の政治情勢について判断を下すほどであった」

と高野氏は思い出を語っている。

その中でも、高野氏の印象に一番深く残っているのは、そうした精神訓話のあと、田中がこう呟いたことである。

「東条陸相か、日本の情勢は変わるな――」

東条陸軍大臣。言うまでもなく昭和十五年七月に成立した第二次近衛内閣の陸相である。東条英機は陸軍の主戦派だった。満州事変後、関東軍の憲兵隊司令官、参謀長などを歴任、中国戦線の拡大を主張し、そのために動いた統制派の雄であった。カミソリのような事務処理能力を持ち、主戦派の武藤章、田中新一らの手で政権の中枢に送り込まれた東条の人物、性格を、どれほど一兵卒の田中が知り得たかは明らかではない。

旧帝国陸軍の典型的な軍部官僚として「切れ者」の代名詞のように呼ばれた東条が、その後の歴史が実証するように「政治家としての展望」を欠き、勝利の見込みなき太平洋戦争の惨禍へと日本を突き落とすことを、田中は予感したのだろうか。

高野氏らの追憶に戻る。

じつは、田中主催の酒宴は小隊長らに発見されてしまったのである。

突然、廊下の渡り板を軍靴《ぐんか》で渡る音がした。その瞬間、田中は、

「エンピツとソロバンを持て」

と指示した。そっと洗面器の酒を押しやり、棚卸しの帳簿を整理しているふりをする。

「何をしとるか」

巡察の小隊長は眉をしかめた。

反射的に田中が答えた。

「みんなに、酒保の棚卸しを手伝ってもらっています。帳簿を整理中であります」

小隊長はジロリと洗面器の中の日本酒に視線を落とした。

「それは……輸送中に壊された一升ビンの整理中でありまして、戦友に処理を手伝ってもらっております」

田中が弁解した。小隊長も思わず苦笑いした。この軍隊式要領の極致のような言い訳に、二の句が継げなかったようだ。田中の生真面目な表情のおかしさもあって、小隊長は「武士の情けだ」と見逃したのだった。

戦後のことだが、戦友会が組織され、「愛馬会」と名づけられた。その会合で、この珍妙な問答を思い出した彼らは、

「とっさの場合に、よくもああヌケヌケともっともらしい弁解ができるものだ。あとから考えると、輸送中に割れた一升ビンの処理だなどと言ったが、底の割れた一升ビンに酒が残っているはずがないじゃないか」

と大笑いになった。

暇があれば彼女や知人、家人に手紙を書き、銃の手入れなどはほとんどやらない田中の型破

りと反骨に、上官も一目置き出したようだった。

北満州の冬に倒れて

じつは、ここで田中の「兵隊やくざ」ぶりを執拗に紹介することは、本意ではない。これまでの逸話は、旧陸軍の如何ともしがたい封建的な古めかしさに衝突した、田中という娑婆っ気がどうしても抜けない、アクの強い青年の戸惑いである。

同時にそれは、この恐るべき非人間的な組織にむざむざと押しつぶされることなく、かえってそのバカバカしい内務班生活を「田中式」に消化して、上官までも心服させてしまう一種独特の自我の逞しさを物語る。

その意味で、権力機構の最も厳しい形態であった帝国陸軍の硬直化した官僚性に対する田中の反骨精神に注目すべきだろう。

旧陸軍の兵隊教育、内務班教育は、いかにして兵卒が上官の命令のまま従順に死んでゆくことができるか、徹底的に人間性を抑圧することによってその目標を達成しようとするものだった。

戦後の一連の反軍文学、反戦文学に描かれた「真空地帯」は、天皇を頂点とした軍隊機構、ファシズムに対する市民、あるいは人民と言ってもよいが、その支配された人間性からの告発であった。

「兵隊やくざもの」は、こうした歴史の重みをパロディー化することによって、軍国主義の持つ非人間性を覆い隠す面を持っている。

田中個人が、その中隊の人気者になっても、軍隊生活の悲惨さが消え去るわけではない。事実、田中を含めた「愛馬会」の戦友たちも、運命の神の、文字通り「紙一重」の采配によって戦死から免れている。田中の属する盛岡騎兵旅団も、昭和十四年五月十一日に端を発したノモンハン事件に出動したのである。

ノモンハン戦の立役者、作戦の神様こと辻政信少佐（左）

「五月中旬から一時停戦になった同月の末頃までのわずか半月の間に、出動した在満師団の騎兵連隊のほとんどが壊滅した。わが騎兵二四連隊からも、古兵の半分以上が動員されたが、出動三、四日後には戦死の公報がどんどん入り、戦争の激しさが身にしみて理解できた」
と田中は回想する。
ノモンハン事件は、極東ソ連軍と関東軍による大規模な国境紛争であった。当初、東京の参謀本部は、局地的解決の方針だった。ところが、現地の関東軍では作戦参謀の服部卓四郎中佐、辻政信少佐らの強硬意見に動かされた。関東軍の「お家芸」の下克上の暴走である。

昭和初年からの陸軍の暴走は、陸軍中央部のコントロールが出先におよばないことがしばしばあり、統帥権を持つ天皇がいくら心配しても現地部隊が勝手に作戦をはじめてしまったのだから、シビリアンコントロールの無視などというなまやさしいものではない。

五月中の「第一次事件」後、関東軍は兵力を集結し、九七式重爆撃機など当時の精鋭機を動員してモンゴル領内のソ連軍飛行場を爆撃した。精強関東軍の実力で、ソ連軍にひとあわ吹かせてやろうという作戦であった。

ところが八月二十日、ソ連軍は十倍の兵力をもって反撃に転じた。しかも、昭和十三年夏の張鼓峰事件の戦訓を取り入れ、機甲師団と重火力の集中、機動性を改善して戦備を整えていたソ連軍に比して、関東軍は大げさに言えば「日露戦争程度」の歩兵装備であった。

ソ連軍の戦車群に対して、乗馬に小銃の盛岡騎兵旅団などが対抗できるはずがない。

陸軍自慢の九七式戦闘機などによる航空戦では勝つには勝ったが、機甲部隊と重砲火にじゅうりんされた地上部隊は無惨であった。

不敗の帝国陸軍の神話は消滅し、日本は停戦交渉に応じざるを得なかった。すんでのところで、この凄惨な人肉と鉄との死闘に投入されるはずであった田中は、命を拾った。田中らは駐屯地の富錦を離れ、北の国境線にある平陽鎮の原隊に移った。

関東軍の司令官以下は更迭され、死傷一万七千余人（＊ソ連側の死傷者は二万五千余人）を出した事件は、九月十六日に停戦が成立した。

その後も田中は国境陣地の最先端の金剛台守備隊などに勤務した。そして、約一年が過ぎた。

帝国陸軍の上層部は、このノモンハンの戦訓をただちに取り入れることを怠った。ブリキ板のような装甲と、短砲身で貫徹力の弱い戦車砲しか持たない日本軍の戦車は、ソ連軍の戦車の前に、張子《はりこ》の虎の惨状を呈した。いくら撃っても相手の戦車はビクともせず、一発命中弾を受けると、日本軍の戦車は紙のように装甲を破られ燃え上がった。その後あわてて戦車師団を増やしたが、張子の虎は改善されなかった。

兵隊を人間ではない消耗品として、敵の砲火の正面に突撃させた日露戦争の旅順攻囲戦の悲惨は、ノモンハンでも太平洋戦争でも日本陸軍の汚辱の伝統として繰り返されるのである。

それは昭和十五年十一月の末のことであった。田中は、ある朝早く営庭にぶっ倒れた。北満州の冬は早く厳しい。凍てついた大地のために軍馬さえ毎日のように疝痛を起こして死んでいったという。田中は担架で運ばれアンペラ張りの野戦病院に入院させられた。

病名は、クルップ性肺炎。それに右乾性胸膜炎を併発した。その後半截河の病院に送られ、ただちに旅団本部のある宝清の陸軍病院に入院した。

この病院で約一カ月、やがて内地送還が決まり、飛行機で佳木斯、二月末には大連近くの柳樹屯に送られた。北満州に比べて、柳樹屯の春は明るかったという。大連港から大阪へ。満二年の田中の軍隊生活は終わった。

「ふたたび帰り来ることのないものと考えていた瀬戸内海の美しさと、大阪天保山の桟橋に着いた瞬間の気持ちだけは、今日も胸の底に刻み込まれている」

と田中は語っていた。

第三章　苦学力行の青春

十円札をハラに巻いて上京

ここで、昭和九年の春に、話の筋を戻さなくてはならない。

田中が盛岡騎兵旅団に入隊したのは昭和十四年の春なのだから、五年ほど前にさかのぼるわけである。あえて、田中の軍隊生活を、順序を倒錯して紹介したのは、田中の自伝である『私の履歴書』に触れられていないエピソードを発掘できたためでもある。

しかし、それだけが理由ではない。岸信介、池田勇人、佐藤栄作と続いた自民党の官僚閥政権に、当時の国民は倦《う》んでいた。そして、かつて党人派の故河野一郎に寄せた期待に似た心情を、多くの庶民が田中角栄という政治家に抱いていたのだ。

田中の軍隊生活での巧妙な「反乱」は、既存の不条理な似非《えせ》権威を破壊するという点で、袋小路を打破する政治家を待望している庶民の心理とつながるものがある。その意味合いもあって、読みにくさを承知しながら、田中の上京後の数年をあとまわしにした。

とはいえ、軍隊時代の「成人田中」は、一朝一夕のうちにでき上がったわけではない。むしろ、残雪の越後から大志を抱いて上京したのちの苦闘時代こそ、田中の半生の基礎を固めたものであったに違いない。

田中は、内務班の鬼のような古兵になぐられて「たいへんなところに来た」と嘆声を発したが、昭和九年春の東京も、角栄青年にとっては「百鬼夜行」とも言うべき「たいへんなところ」

だったのである。

昭和九年三月二十七日の夜、角栄は高崎駅で列車を降りた。高崎競馬に持ち馬を出場させるため父が高崎市に泊まっていたので、途中下車で訪ねたのである。

角栄は、上京にあたって母から手渡された分を含めて八十五円ほどをふところにしていた。どうやら勝運に恵まれないらしい父のために五十円、当時桐生市に嫁いでいた長姉に二十円ばかり渡した青年は気が軽くなった。

角栄は、母がいつも、

「男なら腹巻きに必ず十円札一枚は入れておきなさい。どこで事故があって死んでも無一文では笑われます」

と言っていたことを忘れなかった。父と一晩ともに寝た翌日、角栄は財布に残った十五円余りのうち十円札一枚を腹巻きの中へ忍ばせ、残りを「ガマ口」に入れて東京に向かった。

上野駅で列車を降りて、タクシーに乗った青年は、たちまち「雲助運転手」にポッと出のおのぼりさんだと見破られた。タクシーは上野から小一時間も走りまわったという。とりあえず上京後に落ち着く先の「日本橋本石町三丁目六番地」と書いた紙片を運転手に渡したのが、かえっていけなかったのだろう。

母フメが、

「東京は物騒なところだからはじめは電車やバスでなく、タクシーに乗りなさい」

と忠告したことが裏目に出たのだ。

雲助運転手は、日本橋の橋の上で青年を放り出し、「五円よこせ」と言った。「そんな大金は払えない」と青年が言うと運転手は「では交番へ行こう」とコワモテだ。

角栄は、このひとことであきらめた。運転手に大枚五円を渡してしまった。

橋のかたわらに道路元標があった。「近くに見えたビルは日本橋の高島屋だったようだ」とのちに田中は思い出す。

「いまは高速道路で日本橋もみじめになってしまったが、道路元標を見ると心楽しくなる」と田中は書いている。

角栄は橋のそばの公衆電話から電話をかけ、本石町三丁目の井上工業東京支店を呼び出した。柏崎の知人の紹介で、まず同支店の吉田という支店長を訪ねることになっていたのだ。

なんのことはない、本石町は三越デパートをはさんですぐ目の前である。上野から十五分とかからないところを、タクシーにぐるぐるまわられて五円もとられたのだった。当時、タクシーは「円タク」と言い、一円でどこでも行けたのに、である。

その夜、神田旅籠町《はたごちょう》の旅館に泊まった角栄は、明けて二十九日朝、大河内正敏邸を訪れようとする。

その日は朝から大雪が降った。バスに乗って下谷区谷中の大河内邸に向かったのだが、車掌が早口に停留所の名を言うので、どこで降りるのかわからない。あてずっぽうにバスを降りたところは不忍池の手前だった。

有名なこの池の雪景色を眺めながら、青年は谷中清水まで歩いた。大河内邸は大きな殿様屋敷であった。

その威厳のようなものに圧されながら門を入り、勇気を出して案内を乞うた。出てきたのは「上品な中年の女性」であったという。女性は、

「殿様はお屋敷ではどなたにもお会いいたしません」

と青年に伝えた。角栄はものも言わずに「しばし呆然とした」という。

そして女性は、

「殿様は午前十時までに、本郷上富士前町の理化学研究所へお出かけになります。どうぞそちらのほうへ」

と言って障子をしめた。

「殿様」でまず絶句した。本郷はどこなのか、理化学研究所のどこに行けばよいのか。何も、取り付く島もなく、障子はしまったのだった。

角栄は悲しくなった。地方から上京した青年が一度は直面しなければならない「東京の壁」が立ち塞がったのだ。

東京生まれ、東京育ちの人々は、地方の人々と生活のスピードが違う。悪気はなくても、誰でもが自分たちと同じレベルで行動できるものと思い込んでいる。

「東京のテンポと越後のテンポが、まったく合わないことがわかった」

と田中はそのときのことを振り返る。

雪の降りしきる中を、角栄は無惨にも東京の冷たさに打ちひしがれて、東京でただ一カ所知っている日本橋の知人のところまでトボトボ歩いた。

「東京とは、たいへんなところだ」

と角栄は呟いたのだった。

小僧として住み込む

大河内邸に、書生となる予定は狂ってしまった。もしそこで、失意のまま越後に引き返していたら、のちの田中はあり得なかっただろう。

その日のうちに田中は井上工業の吉田支店長に、同県人の親しさもあって、

「ここで使ってもらえないか」

と頼み込んだ。

そして幸運にも、小僧として同支店に住み込むことになった。

大河内邸の書生になることができたなら中学に進みたかった田中は、予定を変更せざるを得なくなった。それに土建会社の小僧になったことでもあるから、田中は神田猿楽町にあった中

央工学校の土木科に入学した。

これが将来、田中土建という会社を興す基礎となるわけであり、世の中の縁は、ちょっとしたきっかけで何が幸となるか、不幸となるかわからないものである。

井上工業での仕事はなかなか厳しかった。朝は五時に起きた。一時間くらいで朝食、掃除まで済ませ、工事現場へ出かけた。

会社は月島の水産試験場の新築工事や堀切橋の架け替え工事などを手がけていた。夕方の五時頃まで工事現場の手伝いをやり、それから自転車に飛び乗って中央工学校に走った。

その頃の田中は「かんかん照りの太陽の下でも、どしゃ降りの雨の中でも労働に対して苦痛を感じたことはなかった」という。

若さもある。向学心もある。

しかし、田中の心を支えたのは、故郷の母であった。

「土用の最中の田の草取りや、長い吹雪の冬に耐えて、ひとことの愚痴さえ言わぬ故郷の母を思えば、この程度のことはなんのことはないのである」

と田中は記している。

午後六時から九時過ぎまで、学校の授業を受けた。若いとはいえ、午前五時に起きて連日仕事を続けながらの勉強は苦しかったに違いない。午後六時から九時とは、普通なら夕食の時間帯である。空腹が襲ったことだろう。しかし軽い夕食でもとれば、睡魔が忍び寄ったはずである。昼間の仕事を持ちながら夜学に通った若者ならば、誰もが経験することである。こうした苦労も、向学心を打ち負かしはしなかったようだ。田中は連日、自転車を飛ばしては六時の授業開始にすべり込んだ。

ところが、疲労が青春の盛りの田中にいつしか累積されていたのかもしれない。入学してからしばらく経ったある日の夕刻。神田一ツ橋学士会館の横から自転車で飛び出して市電の軌道を横切ろうとしていた田中は、間近に迫った市電の気配を感じて全身に冷たいものを覚えた。近づく電車に気がつかなかったのだ。

「アッ、ひかれた」

その瞬間に思った。

そのとき、電車の前部から網（当時の市電の前部には鉄製の枠に網が張ってあった）が突き出て、路面と電車の車台との隙間を遮断した。田中はその網のおかげで電車にひかれることは免れたが、十メートルほども自転車とともに市電のレールの石畳の上を転げながら押し出された。腕はすりむけ、自転車の車輪のリムはねじ曲げられて歪んで動かなくなった。

当時、地方から上京して、同じような目にあった青年は数知れないだろう。幸運なことは、それが昭和初年のことであって、交通地獄が現出した第二次世界大戦後ではなかったことだ。タクシーやトラック、ダンプが暴走する戦後の都大路では、自転車で転んでも即死の難に遭いかねない。

「リムの歪んだ自転車を押しながら神保町の交差点に向かって歩いたとき、左側の救世軍本部（現存している）の看板と右側の万崎洋服店ビルが妙に印象強く映った」

田中はこう書いている。

中央工学校は神保町から水道橋に向かってしばらく歩いて左側の路地の突き当たりにあった。木造二階建てである。田中はその学校の近くにあった今川焼屋について「十銭で六つの今川焼は珍重すべきものだった」と書いている。「珍重すべきもの」とはユーモラスな表現だが、安くてうまい今川焼を授業の合間にほおばった彼にとっては、忘れ得ぬ思い出の一つに違いない。

夜学が終われば一日のすべてが終わる――。今日の常識では、そうだ。だが、昭和九年の常識は、そうではなかった。

夜、九時か九時半に学校を終えると、自転車を走らせて十時前に職場に帰り着く。そして、明日の請負工事のために大工、左官、トビ、建具職人の手配をせねばならなかった。越後弁で「あのネ、あのネ」と「ネ」を連発して電話で応対し、まわりから笑われたこともある。それでも、大工や左官の家で電話のあるところはいいほうだった。次の日の職人の現場別の出面《でづら》（職人の出勤表）を間違いのないものにするため、港区芝や上野車坂などの大工や左官の親方、棟梁のところへ深夜自転車で連絡に行った。無灯火で巡査にとっちめられたこともある。そのとき田中は、

「将来国家有為の材たらんとして夜学に通学しているんです。その私が法律を意識して破るは

ずがない。まったく無灯火に気がつかなかったのだから『意思なき行為』で法律もこれを罰せずです」

と理屈を言った。

「そんな難しい用語を知りながら、ますます怪しからん」

巡査はカンカンに怒って見せた。

すかさず、

「次も無灯火なら厳罰を受けてもよいから、今度のところは――」

とあやまったら、巡査はニヤリと笑ってケリがついた。いかにも田中らしい理屈だが、世の中は理詰めだけではうまくいかない。

「相手のモノサシに合わせて話をしないと失敗する」

と田中はこのときのことを教訓にした。

苦学時代

現場監督やトビ職と仕事のことでやり合ったり、荷揚げ人夫の真似をしたり、井上工業での仕事は楽ではなかった。

一カ月働いて給料は五円を支給された。住み込みではあったが、越後の田舎で土方をしても一カ月十五、六円にはなるのに、東京はすさまじいところだと思った。夜学の月謝は三円五十銭であり、本や実習の費用までは払えなかった。

ある日の夕方、駿河台の交差点近くで田中は大道五目並べに手を出し、わずか一円五十銭の有り金を残らず巻き上げられ、上京するときにすぐ上の姉フジ江さんに買ってもらった七円もする腕時計もむしりとられてしまった。

田舎から上京した純朴な青年たちが経験する大都会の汚れ切ったカラクリの数々を、田中も身をもって味わったのである。もっと卑俗に言えば、そうしてようやく「おのぼりさん」から脱け出たのだ。

早朝から夕方までの労働のあと、夏には暑さと疲労が授業中の田中に襲いかかった。講義の声も夢うつつで、うつらうつらしてくるのは当然である。眠気を覚ますために、田中は千枚通しや切出しの先をてのひらにあてておいた。コックリと居眠りすると、その尖った先がてのひらを刺して痛さで目が覚めるという非常手段だ。

ある蒸し暑い夜のことだった。例によって、居眠りを防ぐために先の尖った製図用のエンピツの先をてのひらにあてていた。すると間もなく、大きく、コクリと上体が倒れ、エンピツのシンが相当深く右手の親指に突き刺さった。

そのときのエンピツのシンは皮膚の下で黒ずんで、その後も右手の親指の内側に残ったままとなった。簡単に摘出できるのに、田中はそれをしなかった。その親指の黒い傷あとを、若き日々の苦闘の名残りとして、胸の奥のどこかにそっとしておこうという心情があったのかもしれない。

田中が井上工業を飛び出したのはこの年の秋だった。そのきっかけは、スレート屋根の「屋根ふき事件」である。三河島の第三峡田《はけた》小学校の屋根を張るスレートの一枚一枚にドリルで小さな穴を開ける仕事をしていた田中は、二、三枚のスレートの端が破損したことで監督に怒鳴られた。田中にしてみれば、ただでも割れやすいスレートに小穴を開けるという難しく、やっかいな仕事に全身全霊を打ち込んでやっていたつもりである。

我慢の限界を超えた田中は無言のまま五、六枚のスレートの上をわざとメリメリと割りながら歩いた。その上、五、六枚に積み重ねてあるスレートにドリルを力いっぱい押しつけた。スレートは全部割れてしまった。田中は、そのまま自転車で現場を走り出た。

向学心に燃えて、将来を夢見て努力していた一青年にとって、あまりにも職人根性を丸出しにしたこの世界は、すでに身動きならないほど狭すぎるところだったようだ。

こうなった以上、会社をやめなければならない。さっそく新聞の求人広告を見て、小石川の小山哲四郎という人を訪ねて書生として住み込むことにした。

小山氏は『保険評論』という雑誌を刊行していた。スタッフは主筆兼編集人兼発行人の小山老人と、岩亀、佐藤という若い二人の記者だけだった。

自然、田中も記者の卵ということになる。保険の実務知識や保険理論、保険業界について田中は勉強した。外国の保険と日本の保険の比較も学んだ。

田中は小学校以来、数学が得意であった。保険数理の学者になってもよいとまでに考えたという。

のちに池田内閣で大蔵大臣に就任した田中は、保険業界との会合で一席話を求められた。そのとき即席で、昭和初年の保険業界の人物評をやったので、保険業界の社長たちはビックリした。田中は新聞記者に「私は君たちの先輩だよ」と軽口を叩くことがあった。前に紹介した、処女作で新潮社から五円を贈られたエピソードのほかに、この記者見習いのことをも言っていたわけだ。

だが、この記者修業も、郷里の母フメさんが身体の具合を悪くしたことから短期間で中絶してしまう。母が病気だということを聞いた角栄はこう思った。

「あまりものを言わず、じっと運命に耐えているような母が自ら病気だと知らせてきたのだから相当重いに違いない」

そこで、五、六日の暇がほしいと小山老の奥さんに申し入れたのだが、承諾してくれなかった。思い詰めた角栄は小山氏のところを退職して、自由になって母を見舞う決心をした。ことごとくに、思い通りにならない東京での仕事、生活のために、いささか「意固地になった」と田中はのちに語っている。

母の病気は働きすぎたための疲れが原因だったらしい。上越線の下り夜行列車で郷里に帰った角栄の顔を久しぶりに見ると、母は「料理を作ってやろう」と言ってきかないほど元気になったそうである。

帰郷する前に田中は、「夜学生雇われたし住み込みもよし」という広告を新聞に出しておいた。東京に戻ると、その効果が現われて五、六枚のハガキが届いていた。その中から、芝琴平町一番地の高砂商会という貿易商に就職することに決めた。主に、米国から高級カットグラス製品などを輸入し、スチールウール研磨材などの輸入元にもなっていた。

この店は、カットグラスを高島屋、松坂屋、横浜の野沢屋などのデパートへ手広く卸していた。この高砂商会の社長は、五味原さんといった。奥さんと一男一女の四人家族。この中に田中が入って総ぐるみで働いた。この店で、田中は誠意をこめて働き、予想したよりも数円も多い十三円の月給を支給された。

「この方は人の使い方もうまいし、人の誠意を素直に評価する立派な経営者だと感心した。たいへんな苦労人でもあり、この店での生活がその後の私の生き方や人生信条に大きな影響を与えたと思われる」

田中はこう述懐している。

田中が心を打たれたのは次のようなことによる。

ある日の午後、田中は高島屋から、紫色に深い切子のある果物鉢四、五個の特別注文を電話で受けた。午後は遅かった。納品まで任されていた田中は大急ぎで注文の品を用意し、自転車の荷台に載せて飛び出した。

登校するまでに時間の余裕はなかった。急ぎすぎたのであろう。皇居の前のT字路を馬場先門に向かって右にカーブを切ったとき、荷物の重さでバランスが崩れ、田中は自転車ごと横転してしまった。高級ガラスの果物鉢は粉々に割れた。田中はそのまま店に引き返し、新たな品を持ち出して高島屋へ届けた。

高級ガラスの原価は、彼の月給の三、四カ月分もあった。彼は月給を半年ほど半分にしてもらって弁償するつもりだった。そう心に決めたら、いくぶん気持ちが楽になった。

彼はその夜、五味原夫妻に詫びて弁償を申し出た。すると五味原氏は、

「怪我がなくてよかった。お得意さんに代わりをすぐに届けてくれたことは何よりだった」

と嫌な顔一つしなかったという。奥さんも「くよくよしないでね」と言ってくれた。そしてその月の末になっても、彼の月給から弁償金は引かれなかった。

「五味原夫妻の寛容なものの考え方は、私に対してその後の処世訓ともなった」

田中はこう感謝していた。

第四章　私のなしうる何か

海軍への夢

角栄が苦学を続けている頃、日本は急速に大陸との果てしない紛争への道を辿っていた。国内では美濃部達吉博士の天皇機関説が貴族院本会議で問題化した。美濃部説は、

「統治権は本来、国自体にあるものであり、天皇は国の最高機関として、この統治権を行使している」

というものだった。

この説は、天皇の権限を法令の範囲の中におさめることを意味する。その点では明治憲法を民主主義的に解釈するものだったと言える。

学界でも官界でも美濃部説は定説であると言ってもよかった。しかし一方で、天皇は神であり、その権限は絶対にして無限だと考える上杉慎吉氏の説などもあった。

軍部は美濃部説の中で「統治大権のおよぶ範囲はただ軍隊を指揮しその戦闘力を発揮することのみにとどまることを本則とする」という部分に狙いを定めた。

この説では、軍の編成や組織という分野は、いわゆる統帥権の外側にあることとなる。当然、当時の大問題であったロンドン海軍軍縮交渉は政府の権限で決定できる。

軍部、とくに陸軍と右翼は、国体の神話をふりかざして戦前の議会制民主主義を攻撃した。軍に対する政府と議会の干渉を排そうとしたのだ。美濃部博士は著書を発禁され、政府は「国

体明徴」の声明を昭和十年八月と十月の二回にわたって発表した。

美濃部博士に対する不敬罪は不起訴となったが、同氏は貴族院議員を辞職せざるを得なかった。翌十一年二月には、博士は右翼に襲われ負傷した。また、美濃部説を擁護していた金森徳次郎法制局長官も辞任に追い込まれた。

そして天皇は神格化された。神話は昭和十年代になって実話として復活した。以後の日本は、明治以来育ちつつあった自由民権、大正デモクラシーの流れを完全にせき止められたのである。統帥権の独立に名を借りた陸軍の横車によって、政党内閣はまったく形骸化してしまった。

さて、ここで「天皇機関説」を説明したのはほかでもない。佐藤栄作の長期政権下で二度目の幹事長を務めていた当時の田中が、「私は総裁機関説をとる」と新聞などのインタビューに答えることになるからだ
戦後世代の感覚では、この「機関説」という言葉の持つ歴史的な重みは欠落しているのではなかろうか。もちろん、当時の角栄青年が、こうした憲法論争にとくに興味を示したわけではない。

『私の履歴書』によると、満州事変以来、若い世代の間に軍人志望熱がぐんぐんと高まっていったという。角栄もその一人だった。角栄青年が海軍軍人になりたいと考えた動機の第一は、徳富蘆花の『不如帰《ほととぎす》』の主人公であるさわやかな海軍士官川島武男にあこがれたためらしい。

また田中は、第二の理由に、日本海海戦前夜の軍議における島村速雄少将の東郷平八郎連合

艦隊司令長官への進言をあげている。

田中の書いた『私の履歴書』のあげ足をとるわけではないが、この点について田中の説明に多少の誤りがある。

問題の軍議の件は、明治三十八年五月二十四日のことである。連合艦隊は鎮海湾に待機中であったが、バルチック艦隊の動静は、この時点ではまったく不明だった。同艦隊の給炭用の特務艦船が六隻、上海に入港したことだけが手がかりだった。

『私の履歴書』では、この点を哨艦『信濃丸』が敵艦隊を発見したのち、敵艦隊がふたたび消息を絶ったように説明している。『信濃丸』の敵発見は、五月二十七日午前四時四十五分発の「敵ノ艦隊二〇三地点ニ見ユ」という緊急信であるから、これは記憶力抜群の田中の珍しい記憶違いである。

それはともかくとして、島村少将はその約半年前まで東郷の下で参謀長をしていた。島村の下には、日本海海戦の勝利に大きな役割を果たした秋山真之《さねゆき》参謀がいた。秋山は名文家として知られ、有名な「天気晴朗ナレドモ波高シ」などの電信文も彼の手によるものである。ちなみに秋山が急逝した大正七年に、田中は生まれている。

さて、二十四日の軍議では、バルチック艦隊が対馬海峡に来るかどうか、意見が分かれた。そこで、東郷の新参謀長加藤友三郎少将は、この会議に汽艇が遅れたために途中から入ってきた島村前参謀長に、「会敵決戦海面とわが主力艦隊の待機地点」について意見を求めた。する

バルチック艦隊に向かって突進する戦艦「三笠」

と島村はただちに、

「敵方に海戦を知る提督が一人でもいれば、彼は対馬水道に来る」

と断定した。

東郷の判断を加藤が仰いだ。

「ここで待とう」

東郷は、それが特徴である簡潔なひとことをビシリと投げたという。

海軍士官を夢見た角栄青年の脳裏には、この東郷と島村の、いかにも冷静で合理的な態度と、一国の運命を決定した瞬間の場面が深く刻み込まれていたのだろう。

また、田中が海軍を志願したことは、彼が数学を好み、土木建築の勉強を通して製図に優れていたからでもあろう。海軍の戦いは、数量と速度で決する。計量の感覚と一瞬の間の的確な状況判断に長じている田中は、海軍士官として適材だったと想像される。

もっとも、苦学時代のエピソードにも出てくるように、短気を起こして感情を暴発させたら一切は帳消しになる。彼のこの激しさは、たとえば競馬などの一本勝負では必要なときもある。しかし、クールな状況の読みの正確さが要求される、たとえばトランプのコントラクトブリッジのようなゲームでは、感情の起伏はむしろ不利である。越後長岡の出身で、同郷の山本五十六元帥は、明らかにブリッジを得意とする「冷静型」の典型であった。山本が駐米大使館の武官当時、米海軍のお歴々をブリッジでさんざんとっちめた話は有名だ。

山本、田中の比較論はあまり意味のあることとは思えないが、表面的には人生航路における田中の持つ「闘将」の一面は明らかに山本の積極性を上まわっていたのではないか、と私には思われる。

山本は連合艦隊の司令長官として第二次世界大戦型の海空戦を統率する名将であったが、それは真珠湾の強行奇襲に見られる計画性と独創的発想のゆえである。そして意外なことに感じられるかもしれないが、山本戦略の特色は投機性にあった。

これに対して、これからの政治生活で明らかになる田中の特色は、猛将型ではあっても、意外に投機性の少ない「計算された戦い」にある。見かけの「激情型」にもかかわらず、田中は案外「堅実型」のようだ。

こういう矛盾に充ちた要素を田中が持っているだけに、海軍の指揮官としての彼を想像することは興味がある。強いて当てはめれば、田中は機動部隊の指揮官としてうってつけのような気がするが、どうだろうか。

旧帝国海軍軍人に例をとれば、ミッドウェーで空母『飛龍』とともに没した猛将、第二航戦司令官の山口多聞《たもん》少将のような性格と言えよう。

米海軍で言えば、「考える機械」と呼ばれた第二次世界大戦中の米機動部隊のエース、ミッドウェーの勝者であるスプルーアンス提督と、猛牛のあだ名を奉られたハルゼー提督を「足して二で割った」ような性格を想像できないでもない。

もちろん、昭和十年頃の角栄青年の夢は大将や元帥ではなかった。若者らしく「巡洋艦の艦長クラスが望まれる夢の最高であった」という。

角栄青年の海軍志望の話がいささか横道に入りすぎたが、中央工学校を卒業する頃から角栄は、真剣に海軍兵学校の入試のために勉強をはじめたのである。

海兵入試のために田中は「めちゃくちゃにガリ勉した」と回想している。『広辞林』や『コンサイス英和辞典』を一枚ずつ破ってポケットに入れておき、全部暗記したらそれを捨てて、また新しい一枚をポケットに入れるという手段もとった。

独学だけでなく、研数学館、正則英語学校、錦城商業の講義を聴くなど、できる限りの努力をした。幸い友人が深川の古鉄屋の下請けをしており、田中は得意の製図技能で手伝っていたので、夜働いて昼間勉強することができたのである。

海兵の身体検査は目黒の海軍大学校で行なわれた。身体検査には一万三千余人のうち、十三番でパスした。

「もちろん学科試験にも自信はあった」

と田中は言っている。

ところがその直前、郷里から「母フメさんの具合が悪い」という知らせが舞い込んだ。田中は考え込んだ。

「少尉から中尉を経て大尉に任官するまでには十年近くかかる。これでいったい母に報い、長男としての責任が果たせるであろうか」

田中はこう悩んだそうである。

当時、事業がやや好転していた父から「学校へ行くなら学費を送ろうか」と連絡があった。しかし「不運で恵まれない母を想うとき、母の重荷を分担し、自ら背負ってこそ、はじめて私の責任も果たせるのではないだろうか」と角栄は思い込んだ。

ほかにも事情はあったのかもしれないが、こうして、幼い頃から抱いていた海軍士官への長い夢との訣別を決めた。その夜、田中は秘かに泣いた。

田中の、この母想いの心情はその後、結果として報われたと言えよう。それは、フメさんを西山町の自宅に訪ねたとき、

「昔は薪取りに精を出し、いろりに火種を絶やさないように気を配った。いまは天国のようだ」とかつての厳しい暮らしを振り返っていたことでもわかる。フメさんが座っていた電気コタツの横には、電気ストーブが赤い温もりを放っていた。すでにこのときの日本の農村のどこにでも見られる光景ではあったのだが、戦前と比べると戦後の日本の生活革命は、それこそ隔世の感があった。

八十歳を越えたフメさんが「いまは天国のようだ」と言ったことは、なにも田中が政界有数の実力者となり、生活に不自由しなくなったことを意味しているのではなかろう。

フメさんにとっては、ポスト佐藤をうかがっていた実力者田中角栄もまだ「あんにゃ」であ

り「あに」であった。

田中がもし、海兵に入っていれば、青年士官として太平洋戦争の渦中に投入されたであろう。詳しく調査したわけではないが、昭和十二、三年頃の海兵のクラスの戦死者は五割を上まわる。相当な高率である。

田中が海兵を断念したことは、太平洋上の硝煙からはしなくも身を守ることとなったわけだ。

大河内博士との出会い

その後田中は、駒込の中村という個人建築事務所へ勤めた。この建築事務所は偶然にも、理化学研究所の傍系会社「理化学興業」関係の会社の仕事を受け持っていた。大雪の中、理研所長大河内正敏邸を訪れ、「先生は自宅では面会しない」と突き放されてから、わずか二年半余りの歳月しか経っていない。

「目に見えない糸に結ばれた大河内先生と私との、この世における深いつながりはいよいよ現実のものとなって展開してゆくのである」

と田中はやや気負って書いている。

当時の理研には、日本物理学の父、仁科芳雄博士がいた。農博の鈴木梅太郎、鋼の本多光太郎、物理の長岡半太郎という「理研三太郎」もいた。わが国独自の技術を開発し、それを基礎にして工業生産に進むという大正時代からの理研の構想が具体化しはじめた時期であった。

大河内博士はその中で、所長としてただ一人「先生」という代名詞で呼ばれていた。朝の出勤時に先生がエレベーターに乗るとき、混雑していても、誰も同じハコには乗らなかったという。

ある日、理研を訪ねた田中は、急いでいたのでエレベーターに飛び込んだ。あとから一人の老紳士が乗り込んだだけで、待っていた多数の職員は乗ろうとしない。田中が「しまった、先生だッ」と気づいたときには、エレベーターは上昇中だった。

「エレベーターの中ではそれほどの感激も湧かなかったが、時が経つほどに、昭和九年三月二十九日の朝、谷中清水一番地の大河内邸の玄関でじっとたたずみ、泣きたいような気持ちでいたときのことがいまさらのように思い出され、胸が熱くなるのをどうしようもなかった」

と田中は述べている。

この夜、田中は同僚とともに「桂浜」という土佐料理屋でしたたか呑んだ。そのあと近くのおでん屋にもハシゴ酒をしたが、先生と出会った興奮のせいか、呑んだわりには酔いがまわらなかった。

この日が、その後の田中の人生の「転機」となる。

田中は、幸運児である。

大河内博士と偶然出会ってから約一週間後、ふたたび、はからずも先生と同じエレベーターの前ではち合わせした。このときは、田中は遠慮してあとずさりした。すると先生が「君も乗りたまえ」と田中に声をかけた。

先生は六階まであがる。だが前回エレベーターに同乗したとき、緊張し切っていた田中は先生が降りるのを待たずに思わず「五階ッ」と大声でエレベーターボーイに怒鳴ってしまった。いささか「あがっていた」に違いない。先生と同乗したことでわれを忘れていたのだ。普通なら先生に敬意を表してまず六階にあがって、先生が降りたのちに、五階に戻るところだ。

先生はこの愉快な青年を覚えていたのだろう。今度は、田中は六階まで先生を先に送り、五階に逆戻りするつもりだった。すると先生は、エレベーターが五階を通過したところで田中を見て「君はここでないの」と言った。ニコニコしていたという。

この日、大河内先生は六階の部屋に田中を呼んだ。田中は素直に上京の経緯から、これまでの事情を話した。先生は眼鏡の奥の目を細めてこの青年の話に聞き入り、最後に、

「君の故郷柏崎は農村工業の発祥の地で、私の一番好きなところだ。これから全国的に理研の工場ができるよ」

と言った。

田中は先生の全人格に傾倒していった。母校の草間校長は人生の師であったが、大河内先生は実業人、科学者、技術者として、恩師というよりは畏敬すべき巨人であり、父であった。田中と理研との関係はこの日を境に急進展する。

昭和十二年春、田中が「共栄建築事務所」という看板を掲げて一本立ちすると、大河内先生

は田中を日比谷の美松ビルのスキヤキ屋に招き「建設について、しっかり勉強しなさい」と激励した。すると間もなく理研コランダムの島田という専務が田中の建築事務所に「水槽鉄塔」の設計を発注してくれた。それ以外にも工場の設計をはじめとして、田中の手もとに仕事が殺到した。

また新潟県には小千谷、宮内、柿崎、白根、柏崎に理研の工場ができた。

「大河内先生がいかに新潟県を好きであったか、これでわかるような気がする」

と田中は越後人らしく、誇らしげに語っていた。

ヒゲの歴史

「あんにゃが長岡の理研の工場の青写真を作っていた頃、よく実家にも顔を出した」

フメさんは当時をこう回想している。長岡まで来ていても、冬の雪の夜は西山町まで峠越えに帰ることは難しい。

ある雪の夜。田中は、理研宮内工場の工事を請け負っていた高瀬組の社長と二人で、長岡の「万世楼」というところで一杯やった。雪は降り続いている。夜行列車で東京に帰るのも、しんどい話である。酒を呑んで遅くなったまま、田中は離れに泊まることにした。

床に入ってすぐ、ふすまが静かに開いた。一人の芸者が枕もとに来て、ひっそりと座った。

田中は、黙っていた。芸者は、動かない。

布団の上に起き直って、田中は彼女を見た。美人だったが、歳は十六、七にしか見えない。黙って、彼女はおじぎをした。

「この社会にまだ馴染んでない姿であった。彼女は誰かに命ぜられて来たのに違いない」

と田中は書いている。

そのまま数分、二人は話をした。その中で彼女は「二、三日前にはじめてお客がついたばかり」ということを話した。田中は、何か哀れを感じたという。

酔っていることを理由に、彼女にそのまま帰ってもらった。気をきかして、裏木戸から黙って出ていくように指図もした。「私がそれほど潔癖であったというためではない」と田中は回想している。田中にとってもしんしんと底冷えのする雪の夜の出来事は、心の奥に消えないで残った。

この頃の田中は恐ろしく多忙であった。田中は毎朝五時か六時には起きた。

昼間は理研関係の各社をまわって、設計の打ち合わせをする。夜は技術者とともに十一時、十二時まで図面を書き、計算をやる。日曜日も祭日もないという忙しさだった。

のちの政治家田中角栄も早起きであった。起きてからただちにその日の新聞の朝刊に目を通す。すでに、早朝の七時には田中邸には陳情客や知人が訪れはじめる。その前に田中は新聞を読み終え、軽く体操をしたり、ゴルフのクラブを振ったりして、一日のスケジュールに立ち向かう身支度をするのだ。

早起きで、仕事好きのくせはこの昭和十年頃からついたのかもしれない。

政治家としてのトレードマークとなった「鼻ヒゲ」の手入れも朝早くやる。手入れと言っても、特別な道具を使うのではない。ヒゲの手入れにはなんと洋裁用の「たち鋏」を使っていた。理由はよくわからない。御本人が「たち鋏が一番いいんですよ」と言うのだから確実である。『私の履歴書』にも、ひとこまを設けて、三回にわたるという鼻ヒゲの歴史を書いている。

第一回目のヒゲは、この建築事務所の頃、不精と仕事の忙しさが重なってたくわえることになった。このヒゲは、親類のおじさんを上野駅に迎えに行ったところ、なかなか角栄であることをわかってくれなかったために「鼻ヒゲとはあまりよいものではない」と自分でそり落とした。

第二回目は、前出の新兵当時、大人ぶっていた田中二等兵は鼻ヒゲをのばそうとしたが、古兵に見つかって勢いよくぶんなぐられ、即刻そり落としの目にあった。

第三回目のヒゲは、昭和十七年元旦の出来事がきっかけとなった。二十三歳のときである。年の暮れに忙しすぎてヒゲをそる暇のなかった田中は元旦の朝、飯田町（現、千代田区飯田橋）の行きつけの床屋に寄った。ウトウトしていた田中は美人の「お仲ちゃん」にあたってもらい、お年玉を渡して店を出た。お仲ちゃんがクスンと笑った。そのまま神楽坂のうなぎ屋での新年会に出席すると、お酌する馴染みの芸者が笑い出した。「ヒゲがおかしい」と言うのである。田中はそっとトイレに立って鏡を見た。お仲ちゃんのいたずらだったのである。

それ以来、ヒゲは角栄の代名詞になった。

池田内閣の政調会長当時、いわゆる沖縄失言で野党からとっちめられたことがある。「家へ帰ってふとんをかぶって寝込む心境」だった田中に対して社会党は「謹慎してヒゲをそれッ」とヤジを飛ばした。そんなハコ種（カコミ記事）をアメリカに留学中の愛娘真紀子さんは読んだらしい。「ヤジヒゲソルナ」の電文が目白の自宅に舞い込んだ。

ヒゲの歴史の順序で言えば、この本は第二回目のヒゲがまず登場し、いまは第一回目のヒゲの歴史に逆戻りしているわけである。ヒゲの歴史に従って、話を順序よくもとの軌道に戻すべきであろう。

理研関係の建築工事の設計に専念した田中は、大河内先生の好意を受けて精いっぱい働いた。昭和十三年春の徴兵検査で甲種合格となった田中は、入隊通知が来るまで理研を足場に実学を大いに身につけた。

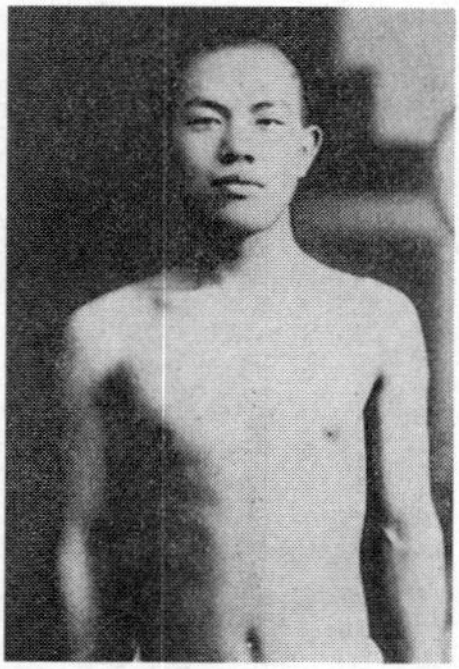

甲種合格。身長5尺4寸、体重16貫

「内職に身が入りすぎたのか、中途半端な学業のまま兵隊に行くようになったことに対し、何がしかの反省と口惜しさがあった。しかし、大河内先生のもとで、二度とできない貴重な体験とともに、じっくりと、そして広範な分野にわたり勉強させていただいたことを誇りに思っているし、このときの勉強がいまの私の知識の全部のように思える」

　のちに田中は、こう振り返っている。

死線をさまよう

「第三のヒゲ」の時点に話を進めよう。昭和十六年春、田中は戦病兵として大連港から大阪天保山の桟橋に着いた。大阪の病院は、天王寺の日赤病院だった。

　小康を得た田中のもとに家から、妹のトシ江さんが肺を病んで容態が悪化したという便りが届いた。田中は外出許可を得て、北陸本線の青森行き急行列車に飛び乗った。

　金沢からは吹雪が窓外に舞った。

　二年ぶりでわが家の敷居をまたいだ田中は、まず妹の部屋に飛び込んだ。妹のトシ江さんは一息に床から跳ね起きて田中の胸板に飛びついてきた。何日も続けて、おかゆさえもとれなかった妹の身体は見る影もなくやせ細っていた。

　傷病兵ではあるが、田中はまだ除隊になっていない。白衣のまま、一晩の帰郷だけで、田中は大阪に戻った。田中家の経済事情は好転していたが、在満中にユキ江さんを失い、いままたトシ江さんが重い病の床についている。田中の心はなごまなかった。粉雪がしきりと舞う日だった。

大阪に帰る途中の列車の中で、田中は病気をこじらせたらしい。日赤病院に帰った晩から高熱で浮かされるようになった。すると四月一日の夜、田中は特別列車に詰め込まれた。高熱は続き、京都、米原、名古屋で注射を打たれた。

一夜明けて上野駅に着いた。担架のまま上野駅のコンクリートの床の上に約半日も置きっ放しになった末、深夜に上野を発車した普通列車で仙台に向かった。翌朝、田中は担架ごと仙台陸軍病院宮城野原分院に入院した。まだ残雪が病院の庭にあった。仙台の青く澄んだ空が田中の目にしみた。

田中は、重病人専用の個室に入れられた。熱は四十一度もあり、体温計の目盛りいっぱいにあがっていた。ここで田中は「事の重大性」に気がついた。陸軍病院では、回復の見込みのない危篤患者だけを個室に入れるのである。

その夜、妹トシ江さんの死亡の知らせが電報で届いた。田中がはじめて見た仙台の青く澄んだ空に魅入られたと同じ時刻に、十九歳の妹は亡くなったのだった。

その後も二週間余り、田中の危篤状態は続いた。軍医は露骨に財布の中の金を調べ、軍用腕時計の番号を記録して「何でも食べてよいぞ」とひとこと言って出ていった。田中は「こんなことをされたら、生きる病人も死ぬぞッ」と憤慨した。時計の番号を控えたりすることは、患者の死亡後の準備である。陸軍病院に入っている者は誰でもそれを知っていた。

不寝番の看護婦は毎晩、重患の個室をまわって、懐中電灯で顔を照らして患者の容態を確かめる。ある夜、明け方近くに田中は懐中電灯で照らされた。そのとき田中は大きな目を開けていた。看護婦はキャッと声を立てて驚いた。田中のほうもビックリした。

後年、このときの話が脚色されて、ある新聞などには「田中はノモンハンで重傷を負い、死体置場にほかの死人とともに投げ込まれた」と紹介された。そして、看護婦が死んだと思った田中を念のため動かそうとしたら、真っ暗な中で「田中の大きな目玉がギョロリと光った」ということに話ができ上がっていた。

確かに、このほうが迫力はある。しかし、これは新聞記者の誰かのうろ覚えの記憶か、あるいは若干話にイロをつけてやれという軽い気持ちででっち上げたのが発端だと思われる。

田中は、この死線をさまよった頃のことを打ち明けたことがある。

「死の間際には、人の一生の出来事が走馬灯のように一瞬の間に去来するとよく言う。あれは本当だね。私は走馬灯というか、回り灯籠というか、過去の印象深い出来事が次々と浮かんできた。総天然色だったと思うよ」

仙台陸軍病院で療養を続ける田中上等兵

約二週間後、田中は奇蹟的に回復しはじめた。田中は「私の宿業を妹が背負っていってくれたに違いない」と語っている。約半年、田中はこの病院で療養を続けた。

フメさんと姉のフジ江さんの二人はこの秋、仙台の田中を見舞いに行った。桐生の親類宅で一泊し、朝五時頃仙台に着いた。女の旅で、列車の時刻表や接続に無関心なため、こんなに朝早く仙台に着いたのだ。仙台駅から宮城野原分院までは三十分程度しかかからない。面会時間は午後だったようで病院側は渋ったが、午前九時頃、面会が許された。

フジ江さんは雨がそぼ降る病院の大部屋に「あんにゃ」が目を光らせているのに気がついた。病院側の説明では「もう田中さんは病人ではありません」と言っていたが、その通りなので安心したという。また、フメさんによると、このとき角栄は同室の患者と指相撲をしていたという。とにかくその部屋で、新潟から持ってきた弁当とちまきを食べた。あんにゃはもう元気だった。しかしフメさんは、こんな病院に入ったままの長男を見て気が重くなったらしい。仙台に行くのだから松島でもこの機会に見物したらよい、と皆が勧めたのだが、松島見物を取りやめた。

「あんにゃがあんな病院に入っているのに見物などできますか」

フメさんはそのときのことを、こう振り返った。この秋に田中は除隊、退院した。

バターときんつば

長鉄砂利社長の風祭康彦氏に嫁いだ田中の末妹の幸子さんは、自身が小学校三年生の秋、稲刈りの最中に田中が除隊して家に帰ってきた日のことを覚えていた。

「白衣を着たままで、兵隊さんが一人付き添って送ってきた。私は話に聞いて、兄だということを知っていた。私は昭和七年生まれなので、昭和九年に上京したきりでときどきしか帰ってこなかった兄の顔はよく覚えていなかった」

と幸子さんは語っている。

幸子さんの記憶では、田中は一週間ほど家にいて、すぐに上京してしまったという。フメさんとフジ江さんの記憶では、三日しか二田村の家にいなかったという。幸子さんはこんな兄が「おっかなかった」らしい。

上京した田中は、召集前よりも自宅に帰ってくる回数は多くなったようだ。従軍中に二人の妹を失った田中がますます家族想いになったのは当然だろう。幸子さんによると、郷里に帰ってくるたびに田中は、神楽坂の和菓子屋の「きんつば」を手土産にぶらさげており、それとともに必ずバターも買ってきたという。

きんつばは、母や姉妹が甘党のためだ。バターというのは、現在から見ると奇異な感じだが、タンパク質をとることが少なかった当時の農村の家族への、田中の心をこめた思いやりなのだった。二人の妹が健康を害したこともあって、「バターで栄養をつけろ」という田中らしい合理的なお土産だったわけだ。

ところが当の本人、甲種合格で出征し、海兵の体格検査もパスした田中は、この頃は見る影もなくやせていたという。幸子さんは、そんな兄が負けん気丸出しで体格を人並みに見せるため、いろいろ手の込んだ細工をしていたのを思い出す。

「なにしろコットンのシャツを上下五枚も着て、その上にワイシャツ、セーターなんてこともあった。風呂に入るときは着ぶくれをいっぺんにセミの皮をはぐように脱いでいたので、冷やかしたことがあった」

海兵受験当時の体重は六十一キロだったが、この頃は四十五キロ程度にまで落ちていた。それだけに、家族にバターを買ってきた田中の心情もわかるのである。

その甲斐もあってか、その後の田中家の女家族は皆、元気であった。

フメさんは八十の坂を越しても、新聞や週刊誌の細かい活字を老眼鏡なしで読めた。田中のすぐ上の姉フジ江さんが老眼鏡を必要としているのにフメさんが眼鏡なしで新聞を読むのを見て、私は驚いたことがある。

フジ江さんは近くに嫁いだあとも、フメさんのところに毎日顔を出していた。このフジ江姉には田中が応召する直前に、次のようなエピソードがある。

田中は、入隊通知を受け取った昭和十三年の暮れ、駒込のアパート兼事務所に住んでいた。

「仕事が忙しいので、身のまわりを世話してくれるハウスキーパーのような立場の女性がいた」

と田中は『私の履歴書』の中で、微妙なプライバシーを明かしている。

フジ江さんは入隊を控える田中の荷物を実家に引き揚げるために上京してきた。女性が田中と同居していたのには、内心ビックリしたらしい。このとき田中は「事情もあまり述べず、知らん顔をしていた」という。その晩から二、三日間、フジ江姉は田中と「彼女」との真ん中にふとんを敷いて寝た。

出発の前日になると、フジ江さんは田中の荷物を二分して、半分は「彼女」に渡した。そして東京を離れる朝になると荷物は上野駅から送られ、「彼女」の姿もなかった。

「姉は姉らしく、弟を入隊前に身ぎれいにするため適当な分別をしたつもりらしい」

と田中は言っている。こう書いてみると、フジ江さんがいかにも厳格な姉のような感じがする。しかし、フジ江さんからそんな「勝気」な性格はうかがえず、温和な婦人というのが私の印象だった。

さて、話が家族に移ってしまったが、除隊、退院した田中は実家に長居せず、すぐに上越線の列車に乗り込んだ。戦友の高野氏があきれたように「除隊したら代議士になる」という決意は、仙台での療養中にいっそう練り上げられていた。上京した田中は、親友の中西正光氏が見つけてくれた飯田橋駅近くの飯田町二丁目の家の一部を借りて、事務所を開設した。

従軍中も早稲田大学の建築に関する専門講義録をとっていた田中はここで建築の設計、機械基礎工事の計算、建築工事の請負をはじめるのであった。

結婚の夜の誓い

田中が事務所として借りた家は、坂本木平という古くからの建築業者の家だった。坂本氏はその年の春、亡くなった。家にはおばあさんとその一人娘、そして孫娘の三人がいた。おばあさんの妹夫婦も同居していた。

田中は、この家の一人娘はな子さんと結ばれる。

おばあさんは、はな子さんが前に一度婿をもらい、子供も生まれたが、その後不縁となったので、

「なんとか嫁にやりたい。田中さんの知人でよい人はいませんか」

とつねづね言っていたという。

小柄で無口のはな子さんは、よく働いた。多忙な田中の身のまわりに、細かい心配りをしてくれた。そんなはな子さんに、彼はすでに好意を感じていた。この人なら妻にもらい受けてもよい、と秘かに思ったという。

昭和十七年三月三日、桃の節句の日に、二人は一緒になった。

その夜、田中は妻に三つの誓いをさせられた。

第一は、「出ていけ」と言わないこと。

第二は、足げにしないこと。

第三は、将来、もし二重橋を渡る日があったら、同伴すること。

以上の三つである。

はな子夫人は「虫も殺さぬ顔」でこう言ったあと、

「それ以外については、どんなことにも耐えます」

と結んだという。

結婚以来、この夫妻の三つの誓いは守られた。

それにしてもこの昭和十七年は、異常な時代であった。「ぜいたくは敵だ」のスローガンが街に溢れていた。派手な結婚式などできなかった。披露宴もなかったという。

昭和十六年十二月八日、真珠湾の奇襲によってはじまった太平洋戦争の戦火は、太平洋とアジアの全域に拡大した。「物情騒然たるありさまだった」と田中も回想している。だが田中には、戦病兵で除隊になったためか、召集令状はついに来なかった。

昭和十八年には個人事務所を「田中土建工業株式会社」に組織変更した。いよいよ「越後の働き者」である田中の本領が発揮される。

長男の正法、長女の真紀子が生まれて、二児の父親となった。戦乱の中で田中は、実業家としても個人としても、文字通り一家をなすに至る。

戦時中の田中の事業の伸長は飛躍的であった。田中は親友である警視庁衛生課の技師だった中西正光氏の口利きで、一千六百余円の設計料を手にしたことがあった。「大きな恩を肝に銘じた」という田中は、とりあえず中西氏に百円を渡した。官庁の御用納めの日だった。中西氏の月給は五十五円だったというから、百円を受け取った中西氏は相好を崩して喜んだ。するとそれを見た田中は、ふろしき包みに入れてあった一千六百余円と、親友の喜ぶ顔を比べてみて、もう百円追加して渡した。

中西氏は、金銭に淡白な人柄だった。大喜びで「これからすぐに大阪に行き、しばらく会っていない母に会ってくる」と、そのまま東京駅へ急いだ。

このように、一千余円でも戦前では大金であったが、昭和十九年に田中が理研から請け負った工場の朝鮮への移転工事費は二千万円を超すものだった。おそらく現在では百億円を上まわる仕事だろう。昭和十八年の「田中土建」の年間施工実績は全国五十社のうちに入ったという。

田中は昭和二十年の敗戦時には朝鮮の大田《タイデン》駅前の旅館にいた。すでにソ連軍は北部の国境から侵攻してきていた。田中は工事事務所に職員を集めて「私の全財産を新生朝鮮に寄付する」と宣言した。そして、釜山から海防艦で引き揚げようとした。

本来、この海防艦には女と子供だけしか乗り込めないはずだった。ところが田中の一行七人は真っ先に乗船を許された。乗船名簿には「田中角栄ほか六名」と書いた。「角」という字を崩して書いたので「田中菊栄ほか六名」と読み違えたという。だがもしかすると、その背後に田中の軍隊で会得した「要領と取引」があったのかもしれない。

海防艦は日本海を北上して青森港に入った。八月二十五日に、一面焼け野原の東京に着いた。

田中はまだ、幸運に恵まれていた。飯田橋付近にあった十カ所余りの事務所や住宅、アパートが無傷で残っていたのだ。江戸川に所有していた四百坪の製材所が焼けただけだった。地方へ疎開する人から無理に頼まれて買った電車通りに面した魚屋まで焼け残っていたという。

「私は、それもこれも神様のおぼしめしだと思いながらも、世の中のために、私のなし得る何かをしなければならないと、心の奥で激しく感じた」

と田中は感慨にふけった。

第五章　雪国有情

政界出馬へ

田中は、昭和二十年の暮れから二十一年にかけて牛込南町に住んでいた。

当時、田中土建に勤めていた小林凡平氏は、張り切っていた田中社長が毎朝七時半には出社して働きはじめるのには参ったという。

もっとも、この早出の度がすぎるとはな子さんが主人を叱り、田中は社長室を二階に移した。自分より遅く社員が出てきても気にならないように配慮したのだ。

「なにしろ活気がありました。私は三井物産系の会社からスカウトされた形で田中土建に入ったのですが、田中社長から何度も怒鳴られました。社長自ら木材を担いで働くのですから、サラリーマン出の私などはペースが合わずに戸惑ったものです」

と小林氏は言う。

その小林氏は田中の政界入りの経緯について、『私の履歴書』に書いてある通りだと思う、と話す。

田中土建の顧問の中に大麻唯男という代議士がいた。昭和二十年の十一月、田中は新橋の料亭に、大麻から呼び出された。用件は、政治資金の無心であった。

「雪の降っていたときに、手紙で田中さんが呼び出されて出かけたのを覚えている」

と小林氏は回想する。

旧民政党系の政治家は当時、町田忠治、宇垣一成らを中心に進歩党を結成しつつあった。大麻は町田忠治の側近であり、この政治資金集めに田中の助力を求めたのだった。

「選挙も目前なので、三百万円を早く作った人を総裁にする、と私が提案した。私は町田を推している。協力してもらえないだろうか」

というのが大麻の頼みだった。田中は快諾した。

その後、半月ほど経った頃、大麻は田中に「衆院選に出馬しないか」と持ちかけた。大麻はこう言ったという。

「十五万円出して、黙って一カ月おみこしに乗っていなさい。きっと当選するよ」

田中は迷った。このとき田中はまだ二十七歳である。しかし、軍隊時代から夢見た道を前にして、田中は退かなかった。

翌年の正月、田中は郷里に選挙準備のため帰った。後年、田中は当時のことを「敗戦で打ちひしがれ、職もなく大地をはいずりまわっていた人々を助けようと思った」と説明している。田中は自分の会社の監査役であった塚田十一郎氏（のち代議士、新潟県知事）とともに新潟に向かったのであった。

その年は、何十年ぶりの大雪だった。一月にも予定されていた総選挙は占領軍の公職追放令と占領軍命令による立候補者の資格審査に手間取り、告示は三月十一日、投票は四月十日と決まった。

戦後第一回総選挙は、大選挙区二名連記投票で行なわれた。田中が選挙地盤を票田の柏崎に置いたことは当然だが、有権者数一万七千余人とされていた柏崎市から、なんと四人が地元候補として乱立してしまった。田中角栄、猪俣浩三、石塚善次、佐藤三千三郎である。

この選挙は、終戦直後の日本の社会的混乱を絵に描いたような乱戦となった。田中が「選挙の神様」と思ってあてにしていた大麻唯男の応援も、このときばかりはあてにならなかった。

田中陣営の混乱ぶりもひどいものだった。なんと、田中とともに新潟に来た塚田十一郎氏も立候補したのである。さらに塚田と一緒に田中を助けるためにやってきていた朝岡という男は、告示の日に東京に帰ってしまった。

長岡地区の責任者として田中を支えるはずの薬酒商の吉沢仁太郎氏も立候補した。そして三条地区で田中陣営の責任者になるはずだった皆川万吉氏は、この吉沢候補の陣営にくら替えした。その上、群馬県寄りの南、北魚沼両地区の責任者としてあてにしていた古田島和太郎氏の立候補の報も入った。

田中は告示の日から四日間、迷った。もはや成算なき戦いであった。地方政界は、敗戦の衝撃と価値観の大転換の中で、完全に秩序を喪失していた。肝心の選挙参謀たちがこのありさまなのだから、票読みなどできるわけがない。しかし、こうした選挙の玄人のほかに、田中の熱意にほだされて、支持を惜しまない人々もいた。

この頃、田中の選挙の世話人となった佐藤芳男氏（のち参院議員）は柏崎市を中心に走りまわって、田中の後援会作りの世話を焼いていた。同市の有力者である島岡幸雄氏はその佐藤氏に呼び出され、「天京荘に田中さんという候補者がいるので会ってみてくれ。大麻進歩党幹事長からの推薦文を持ってきている」と頼まれた。さっそく天京荘を訪ねると、田中は馬場という秘書と二人で待っていた。すると島岡氏はその秘書から、当時としては貴重品である米軍の物資に違いない外国タバコを二十箱くらい手渡されたという。

「チェスターフィールドとラッキーストライクでした。私のほかにもこのタバコをもらってビックリした人がいたのでよく覚えています」

と島岡氏は、当時の雰囲気を打ち明けている。大麻幹事長の推薦状も読んだが、島岡氏は若い田中がしっかりした態度なのにも感心したという。だが、とにかく知名度が低い。地方政界では誰も田中角栄という名前を知らない。島岡氏は、

「まず組織作りが必要だ」

とアドバイスした。

田中は、

「明日から本腰を入れます」

と答えた。

さっそく次の日から柏崎市内の明蔵寺の座敷に泊まって後援会組織のまとめにかかったが、

「誰もが立候補を本気にしないので弱った」と島岡氏は振り返る。

この頃、理研農工に勤めていた久保田正治氏は昭和二十年暮れのある日、星野一也社長に呼ばれた。部屋には若い男が社長と一緒にいた。星野氏は久保田氏にこう言った。

「この人が田中角栄君だ。今度立候補するので、オレの代わりに選挙事務所に行って、応援してくれ」

続いて田中が兵隊口調でこう言った。

「私が、田中角栄であります――」

若いが、物腰は四十歳と言ってもおかしくなかった。「茶系統の三つ揃いの背広の地味な感じから、そう思ったのかもしれない」と久保田氏は言う。

こうして明蔵寺での選挙準備に久保田氏も加わった。さらに佐藤氏が新潟鉄工から本間幸一氏を引き抜いてきて、田中の秘書役につけた。彼らのほかには、二田小学校の教師団が草間校長の音頭で応援に駆けつけた。

これらの人々の支援に応えなければならない。降り積もる雪を見つめながら、田中は思いにふけった。

「このときが、私の人生の岐路であった。出馬を踏みとどまっていたとすれば、私も普通の社会人であり、そして平和な家庭人となっていたであろうことは確かで、かすかにではあるが悔やまれることもある。約一カ月、それは吹雪の中の日々であり、目も口も開けられたものではなかった。真っ白で、そして深い雪の道を、黙りこくってひたすら進んでいく以外になかった」

田中はこう回想している。また、田中の末妹の幸子さんは、

「雪の中を、馬ソリで選挙をやった」

と豪雪のこの年を記憶している。

盛装の絶句

はじめての立会演説会は、柏崎市の小学校で開かれた。その前に久保田氏は、演説の草稿を田中に渡すとともに服装に注文をつけた。

「あなたは土地の人にとっては白面の青年なのだから、まず自己紹介をやりなさい」

田中は素直に「ハイ、ハイ」とうなずいた。服装はモーニングにして、白手袋をはめるよう久保田氏は指示した。地元の選挙民に敬意を表すためだ。田中はその日、散髪を済ませ、下着まで替え、モーニング姿で「威儀を正して」登壇した。


しかし、この田中の盛装は、その日の立会演説会場では異様だった。ほかの候補者たちは、雪道を歩いてきたままの泥だらけの長靴で、詰襟の国民服姿のほうが多かった。それに、聴衆のほうはもっとひどかった。ヨレヨレの服を着た戦地帰りの男たちが大多数だった。女もモンペ姿でうす汚れていた。

場慣れしていない田中が胸を張って処女演説をやろうとした途端に、

「モーニングを脱げッ」

「なぜその若さで保守党に入ったのかッ」

とヤジが飛んだ。

のちに田中は「私はこの雰囲気に圧倒されて、くらくらするような気がした」と述懐している。

それでも田中は必死になって自己紹介をはじめた。

間髪を容れずにまたヤジが出た。

「経歴を聞きに来たのではないぞッ」

このときのことを久保田氏は、

「私はその場にいたが、田中の顔色は真っ青だった。自分の忠告が全部裏目になったことが申し訳なくて、オーバーを頭からかぶって、泣きました」

と回想する。

草間校長の縁で田中を応援していた元二田小教諭の伊藤愛さんは、

「あのときは本当に泣きそうな顔をしていました」

と田中の立往生ぶりを語っている。

このようにスタートは最悪であったが、「若き血の叫び」と「祖国愛に訴える」という二点をポスターのスローガンに選んだこの選挙戦で、田中陣営は善戦したと言うべきだろう。

その頃、柏崎タクシーという個人ハイヤーを営業していた大谷男司氏は、フォードの一九三五年型に田中を乗せて、選挙区内をくまなく走りまわった。

「どんな人にも、田中さんは自分から頭を下げた。この人は、見込みがある。いつか当選する日が来ると思った」

と大谷氏は言う。

このとき以来、田中は柏崎に来ると、選挙のときはもちろん、必ず大谷氏の車を指名して乗った。かなりあとのことだが、岸内閣当時、大谷氏は珍しく柏崎にやってきた佐藤栄作と田中を乗せた。佐藤は、田中の選挙応援に重い腰をあげて来たのだった。常宿となっていた天京荘に泊まったあと、佐藤を見送る田中の支援者たちに向かって、佐藤はこう言ったという。

「彼は内閣の椅子に座る男だから、よろしく応援してくれたまえ」

これは、間もなく田中が郵政相になったことを指しているものと思われる。だが大谷氏たちは「佐藤さんは、未来は総理になる男だという意味で言ったのだ」と受け取った。

この選挙戦を通して、田中は多くの支持者を獲得した。しかし、効果的な金の使い方もわからず、かなりの選挙資金はムダ弾となって、票田に直結しないままどこかに消えたようだ。

投票結果は三万四千六十票。立候補者三十七人中十一位。次点で落選であった。

柏崎で五千五十四票をとったのは、ほかの三人よりも多かったが、結局は柏崎での混戦がたたった。刈羽郡では一万五千八百票と、自分の得票の過半数を得る健闘を示した。

当時、田中の演説会場や応援の人々の手配をした前川善一郎氏は、

「将来は大物になれる男なのに、もう少し早く準備すればよかった」

と残念がった。

落選後、田中は前川氏ら親身になって協力してくれた人々に当時の金で三十円を渡して、感謝の微意を表した。旧一円札で三十枚、前川氏は記念のために全部を保存している。

落選はしたが、田中は多くの知己をこの選挙で得た。とくに、田中を応援した人々の中で、田中よりも年上か、ほぼ同年輩の人々の心を田中はつかんだ。以前、北魚沼郡堀之内町で商工会に勤務していた星野千代さんはこの選挙のとき、初の婦人参政権を行使しようと、幼い子供をおぶって演説会に出かけた。ヒゲをはやした田中が熱弁をふるっていた。うす暗い裸電球の下で、大きな声と、茶色の背広が印象に残った。田中は、

「新潟と群馬の県境の三国峠を切り崩してしまえば、越後に雪は降らなくなる。こんな大雪で苦しむこともなくなる」

と奇抜な演説をしていたという。

「日本海を渡って大陸から上層に寒気が吹き込む。越後の海岸線を越えて、下層の湿った空気を巻き込みながら日本列島の背骨のように盛り上がっている中央山脈にぶつかり、大雪を降らせる。だから、この中央山脈を平らにしてしまえば、越後に大雪は降らなくなる。越後の背負っている豪雪単作地帯という宿命を、人間の手で、政治によって変えられる」

というのが田中のお得意の議論である。

土木工事として可能か不可能かを論ずれば、理論的にはできないことはない。こんな話に人々が興味を示し、星野さんの記憶にも残っているというのは、雪国ならではのことだろう。

この大構想は着想としては面白いが、関東地方のことを故意に忘れているところがミソだ。中央山脈がなくなり温暖な関東平野が北海道や新潟のような雪国になるとするならば、東京を含む関東の人々がそんな工事を承知するはずがない。

しかし、このような奇想天外だが、どこかで人間の現状打破の可能性、希望を明るくくすぐる発想は、地元の人々の心の中に、田中という人物の持つなにものかを刻み込んだようだ。

「まったくよい勉強であった」

と田中は、この落選を振り返っていた。

昭和二十二年四月二十五日投票の戦後第二回の総選挙で、田中は雪辱する。

田中は第一回総選挙の苦汁から得た体験を生かした。「選挙は人任せではダメだ」というのが、前回の教訓だった。そこで、柏崎と長岡に田中土建の出張所を設けた。百人近い社員を採用したという。「直営で選挙することにした」と田中は記している。第二回から、選挙を「組織化した」わけである。「事業化した」と言うほうが当たっているかもしれない。こういう行動力、企画力は田中の真骨頂である。その一方で、選挙区の人々の心をとらえるための地道な努力も怠らなかった。第一回から田中の選挙のすべてを見聞きしてきた本間幸一氏は、

「本当に一升ビンをぶらさげて村をまわり、集会の席では一人ひとりに酒をついでまわった。

肌で触れて、獲得した票が多い」

と述懐している。

そのような気配りの一つでもあろう。田中は選挙では、第一回の出馬以来、常宿以外には泊まらなかった。たとえその宿がほかの旅館やホテルに比べて古くなったり不便となったとしても、絶対に常宿を変更しなかった。長岡の枕川楼、柏崎の天京荘、小出の須田屋、越後湯沢のいなもと、栃尾の高寿館などである。

こういう義理堅さは、律儀な古い越後人の気質に訴えるものがある。確実な支持者の存在が選挙にとって不可欠であることを知っている政治家は多いだろう。しかし、多年にわたって、一貫してこうした心配りを続けることは至難の業である。

小出の須田屋の女将である須田ヒデさんは、第一回選挙以来の熱烈な田中ファンである。

「あなたのところは昔から縁起がいいと聞いている。どうしても宿にしたい」

田中はそう言って、須田屋に事務所を構えたという。

その後、片山内閣当時の炭鉱国管法に絡む反対運動で炭鉱業者からワイロを贈られたという理由で、検察庁が田中を逮捕したことがあった。当時、田中は進歩党が改組した民主党の幣原派に属していた。同派を同志クラブといい、その会計担当をしていたのが田中であったので、同派に対する献金は田中の名義で受けつけられたわけである。

この事件は、田中の最初の政治的危機だった。のちに裁判で、田中は無罪となる。だが、昭和二十四年一月の総選挙がはじまる直前まで、田中は小菅の拘留所に留置されていた。田中の後援会は立候補届けを済ませ、候補者を留置されたまま、選挙運動を進めねばならなかった。

選挙区では大激論が戦わされていた。「黒い霧」どころか収賄容疑で留置されている候補者を擁した支持者たちは動揺した。小出の婦人会でも大騒ぎだった。「真相をはっきりさせねば」との声も出はじめたのだが、それに対して須田屋のヒデさんは怒った。

「田中さんがそんなことをする人だと本当に思うのですか？」

と批判的な婦人会員に食ってかかったという。

田中は一月七日に釈放されると選挙区に直行した。その夜、石打、堀之内、小出と雪の中を演説してまわった。結果は、最高点で当選を勝ち取ったのだった。

話が前後するが、初当選の直後、長岡市で当選祝賀会が開かれた。その席には五、六人の芸者衆も加わって、酒席に華やかさを添えた。そのとき、田中の前に若い美人芸者が座り、

「私の初恋のお方は、あなたのお兄さままでです」

と突然言った。

田中は驚いたが、その芸者の顔を見つめているうちに、戦前の冷え冷えした雪の夜のことがまぶたの奥に浮かんできた。

「そうか、君だったのか。じつは私に兄はいない。それはぼくだよ」

と田中は言ったという。

落選の苦汁も、当選の喜びも、遠い恋心の交流も、すべて深い雪のしじまの中の物語である。

「私は越後からの出稼ぎですよ」

と好んで言うところに、田中の雪国への愛情が潜んでいるようだ。

吉田学校の奇縁

田中は、第二次吉田内閣で法務政務次官に登用された。吉田茂が田中を登用した理由については、自由党の選挙部長としての田中の調査能力や豊富な知識を買ったためとも言われている。また、昭和二十三年秋のGHQによる「山崎首班工作」を田中が総務会でひっくり返して、吉田を救うきっかけを作ったためだとも言われている。

このことについて聞くと田中は、

「当時はずいぶん暴れまわった。その頃の裏面史もよく知っているが、まだ公表する時期ではない」

と多くは語らなかった。


佐藤栄作との運命的な出会いも、この頃だ。前出の炭管事件を事前に知った殖田俊吉法務総裁（法相）が閣議の席上、「田中次官を辞任させたほうがよい。逮捕のあとだと内閣に傷がつくことになろう」と提案した。異議はなく、田中辞任は閣議決定された。

ところが、自ら辞表を提出しようとしていた田中はこの決定に激怒した。田中は首相官邸に乗り込んで、官房長官の佐藤栄作に「ものの順序が違うではないか」とねじ込んだ。佐藤も政治家だ。田中の言い分にもっともな点があることを認めた。

「よくわかった。君の辞職届をいま受けた。土曜日付けの閣議決定は取り消す。月曜日、今日付けに変更する。閣議決定そのものは取り消せないが、日付けの変更によって田中君の言い分を聞いたのちに、辞任を承認したことにする」

田中も納得せざるを得なかった。佐藤のこの処理は、極端に言えば「名を捨てて実をとる」式の功利的な感じが強い。しかし、田中は佐藤のこうした切れ味に感心した面もあったのだろう。田中はこのエピソードをよく人に話していたが、決して佐藤の巧妙さを皮肉るのではなく、その「政治的解決」の発想に学ぶ点があったという調子である。

田中は、こうした経緯もあって第三回総選挙後、急速に「吉田学校の一員」として成長しはじめる。この頃、吉田の意を受けた田中が麻生太賀吉と根本竜太郎とともに信濃町の池田勇人邸を訪れ、池田蔵相実現の瀬踏みをしたのは有名な話となっている。池田が蔵相に抜擢された事情については、池田首相当時の首席秘書官である伊藤昌哉氏が自著『池田勇人――その生と死』（至誠堂）の中で次のように書いている。

「池田が蔵相の金的を射とめたのには、いきさつがあった。国会での絶対過半数を握った吉田が一番心配したのは新内閣の大蔵大臣の人選で、吉田はこれを日清紡会長の宮島清次郎に相談した。宮島は向井忠晴を推したが、追放中で起用できない。困った宮島は腹心の桜田武に相談し、桜田が池田を推したのである」

田中の池田説得の背後には、こうした動きがあったという。

田中は池田に、

「私たちは、あなたを蔵相にするために来た」

と切り出した。

一年生議員で、政界の右も左もわからなかった池田は、この提案を聞いてむしろ「からかいに来たのではないか」と怒ったという。

田中はそのときのことを、

「そう池田が言うから、オレが君をからかって何の得があるか考えてみろと言ってやった」

と苦笑しながら話したことがある。

池田はこのときの田中の説得について「田中から借りを受けた」という心境だったようだ。

こうして田中は、政界入りしてわずか二年ほどの間に吉田、佐藤、池田という「保守本流」の旗手たちと深いきずなを結ぶに至る。

軍隊生活で見せたような機知や要領は、政界における政治的駆け引きの舞台で、より重要な手段として活用された。この分野で田中が発揮する頭の回転の速さと、型破りの発想は、大きな武器であった。

昭和二十四年、第三次吉田内閣の成立とともに、官僚出身者と党人を網羅した吉田学校はその形を整えた。吉田学校は以後五年間の吉田政権の主流派の大黒柱として機能を発揮する。田中の役割は、吉田学校の連絡将校といったところだった。

常宿で怪気炎

この時期の田中の政界での動きは、決して華やかなものではなかった。

昭和二十九年には自由党副幹事長となっているが、昭和二十四年からこのときまでについた主な役職は、昭和二十七年裁判官訴追委員、同年自由党総務、昭和二十八年自由党新潟支部長といったものである。

むしろ、昭和二十五年に、その頃赤字線だった地元の長岡鉄道の再建を引き受け、同鉄道の電化を実現させたことが、田中と長岡を中心とする地元との結びつきの新しい転機となっている。

長岡鉄道は大正四年に創設された。二両編成で一両に二十人くらい乗せて、旧式の機関車が石炭をたいてノロノロと走っていた。長岡と寺泊の間、約三十二キロを二時間半かかることもあったという。機関車の煙突から飛んだ火の粉がワラ束に引火して火事になったこともある。

田園の中を古典的な列車が走る風景は、最近なら鉄道マニアの人気を集めてブームが起こるかもしれない。終戦直後の頃は石炭事情も最悪で、ときには列車が石炭不足で走れないことさえあった。

累積する赤字と施設の老朽化を打開するために再建策が出されたが、経営陣と同鉄道運営協議会が対立して、行き詰まっていた。

やむなく労働組合が打開のために乗り出し、田中代議士を新社長に推すこととなった。田中は重役陣と地元の了解を取りつけた上で、昭和二十五年十一月、社長に就任した。

田中は占領中の当時にかなりの開発銀行融資を引き出し、西長岡―寺泊間の電化工事を実現した。その背後に池田蔵相、佐藤栄作、西村英一といった政治家の力がモノをいったことは想像にかたくない。

田中が代表として期待されたのは、田中の評判が選挙区内に浸透しつつあったからである。電化に対する地元の熱望ぶりは、電線を引くための電柱を沿線の人々が自前で供出したという話からもうかがえる。

昭和二十四年の総選挙における田中の長岡での得票は一千百七十七票、三島郡は二千六百二十六票であったが、昭和二十七年の総選挙では、長岡で三千九百八十八票、三島郡で九千八百四十三票という急増ぶりであった。

田中はこの間、こまめに選挙区を歩いている。長岡と栃尾を結ぶ峠に道路を開通させたいという陳情を受けた田中は、地下たび姿で泥道を歩いて栃尾までの山道を実地に見て歩いた。田

中の栃尾での常宿となっていた高寿館の女将である高山さんは、田中が、

「票をもらいに来たわけではない。地元の皆さんが私を利用し、私がお役に立てればそれにすぎることはない」

と同旅館に集まった人々に説明していたのを覚えていた。

また、酒が入ると田中は、

「いまに田中内閣を作るんだからなあ！」

とメートルをあげていたという。その口の下から田中は、これまで何回も泊まっている同旅館の古いお手伝いさんがその日は見えなかったため、「○○さんはどうしたのかネ」と尋ねて、細かく気がつくところを見せている。

こうした政治家としての記憶力の鮮明さに、選挙区の年寄りや古くからの支持者はコロリと参るようだ。それも雪深い越後の農村に住む人たちの心情としては当然だと言えよう。

田中は大臣、幹事長を歴任して「有名人」として選挙区に帰ってきたときでも、若い新しいファンの列の後ろから、そっと田中を見ている年老いた支持者を目ざとく見つけ出し、「やあ」と手を握って前列に引き出してくる。このような「律儀で人情に厚い越後男」の一種の理想像を、選挙区の支持者は田中の中に見出したのであろう。

昭和三十一年、鳩山一郎首相は念願の日ソ国交正常化を達成して引退を表明した。佐藤の兄である岸信介と石橋湛山、石井光次郎が総裁選に立候補した。旧吉田派は岸支持の佐藤と、石

井支持の池田とに、真っ二つに割れた。田中の立場は、微妙であった。

この頃、田中の妻はな子の連れ子と、池田勇人の甥との結婚式があった。政界入りしたばかりの池田に「蔵相になれ」と説得した田中に、池田は恩義を感じていたと言われる。この結婚は池田の田中に対する友情があずかって力があったようである。

この式の最中、池田は席を立たねばならない急用があった。池田は田中を会場のロビーに呼んだ。

「やはり君はぼくのところに来てもらうわけにはいかないのだろうな」

と池田は言ったという。

田中は池田の手を握りながら、

「親戚になりましたが、政治の縁では、私は佐藤と行動をともにせねばなりません。これからはお互いに争うということがないように努力しようと思うのです」

と伝えたという。

吉田学校の双璧である佐藤と池田が、近い将来の保守政権を継承するであろうことを田中はすでに予測していたようだ。佐藤と池田の間を取り持つというよりも、この二人とともに保守政治の本流を守り、形作らねばならない、という使命感を田中はすでに胸中に抱いていた。

下積みでの努力

吉田を頂点とする池田、佐藤、田中の三者の関係は興味深い。旧吉田派から発した池田と佐藤が吉田学校の二大系列となり、両者ともに内閣を組織した。このことから、この系統を保守本流とする見方が生じた。

田中は「保守本流」という言い方については、

「吉田さんが自由党だったことから、旧自由党の系列を保守本流と見る人がいるが、それは当たらない。私も、進歩党から民主党を経て自由党に入った。その時々の要求に応じて政治をになってきた総理は吉田、鳩山、石橋、岸、池田、佐藤と替わった。この政権を支えてきた政治家がわれわれ自民党の議員なのだから、われわれみんなが本流の意識を持ってもおかしくない。単独講和か否かで揉めたときは、吉田さんをはじめとするわれわれ自由党がその責を果たした。日ソ国交回復のときは、われわれは反対の立場にあったが、鳩山さんを担いだ諸君が立派にやってのけた。自民党にはそれだけの幅があるということだろう」

と七〇年安保の頃に語ったことがある。また、

「吉田政権、池田政権、佐藤政権の人脈をのみ『保守本流』と言うが、実際は『吉田十三人衆』（吉田茂の側近グループ）が戦後の政治を動かしている」

とも田中は言った。

その意識の中には、吉田政権を支え、政敵と争い、当時の日本にとって最も必要とされてい

た「対米協調」と「経済の復興」を軌道に乗せたという自負もある。その政治的な戦いの頂点に吉田という、貴族的で超俗的な存在の重みがあった。

吉田は、派閥政治家としては不器用であった。外交的判断、あるいは外交官生活から生まれた日本の進路への倫理とも言うべき信念を堅持し、そこから内政を強引に牽引した。閥務の必要は認め、吉田学校の「生徒たち」を集めはしたが、閥務の泥沼に手を汚すことはしなかった。

吉田が田中を必要としたのは、田中が政治、とくに閥務や選挙の「技術者」として卓越した才を持っていたからである。吉田の最も苦手とするところを、田中が補完したとも言える。逆から見ると、田中は吉田の優れた外交的感覚といったものに、彼の学ばねばならない政治の次元を見出したのであろう。

佐藤や池田と、田中との関係は多少違う。吉田が佐藤に目をつけたのは、早くも昭和二十一年の第一次吉田内閣の組閣のときのことであったと言われる。吉田は、運輸省鉄道総局長官だった佐藤を登用しようとしたのだが、東条内閣の商工大臣として戦犯とされた実兄の岸信介の弟を抜擢することにGHQが難色を示し、この人事は立ち消えとなった。しかし佐藤は二・一ストを国鉄担当の責任者として乗り切る。

昭和二十二年五月、片山内閣が成立し、革新系の政権となった。当時、片山内閣の官房長官を務めた西尾末広は、高級官僚の中から社会党幹部あるいは閣僚としての人材を引き抜こうと手を尽くした。西尾は、

「私は池田君と佐藤君を口説いた。池田君は『考えてみます』というような返事だったと覚えているが、佐藤君はきっぱりと『私は自由党に入ろうと思っている。西尾さんのお話はありがたいが、残念ながら辞退させていただく』と返事をした。二人とも役人としてだけでなく政党人としても十分やっていける逸材だった」

と当時のことを打ち明けたことがある。

その後、佐藤は昭和二十三年十月、第二次吉田内閣に次官から非議員の官房長官として入閣した。吉田の佐藤への執心が格別だったことを思わせる人事である。吉田にしても西尾にしても官界から優秀な人材を求めるなら、当然この二人に白羽の矢を立てる以外になかったわけだろう。その意味合いでは、佐藤は戦後官界の代表選手として引き抜かれたエリート第一号である。

田中は、佐藤政権の末期的な症候が出はじめた頃でも新聞社のインタビューなど公式の席では、

「やはり佐藤さんは、われわれが統領に選んできただけの力と識見のある政治家ですよ」

とPRすることを忘れなかった。

しかしオフレコの雑談などでは、佐藤が引退するまでは全力をあげて支えるという姿勢は示すものの、ややざっくばらんに、

「なんといっても（佐藤は）官僚の大親玉だからね」

と評していた。佐藤、池田が戦後派官僚政治家の代表であるなら、自分は昭和二十二年の第

二回総選挙以来、昭和四十七年で勤続二十五年の表彰を受けた戦後派党人政治家の「草分け」である、ということであろう。

その田中も、吉田内閣の末期から鳩山、石橋内閣時代における政界生活では、下積みに甘んずる努力を重ねた。昭和三十年十一月の保守合同では、吉田は鳩山と行動をともにすることを拒否し、佐藤とともに無所属となった。池田は吉田の承諾を得て保守合同に加わったが、重用されたわけではなかった。佐藤も池田もこの頃は本流から外れて「鳴かず飛ばず」であった。田中の立場も同様だった。

気まぐれに突然、越後に帰るようなこともあった。小千谷市に住む大淵イツさんの夫は、田中の戦友である。

ある秋の日の早朝、イツさんは戸を叩く音で目を覚ました。見ると田中が立っている。吐く息が白かった。一人で駅から歩いて訪ねてきたのだ。

イツさんの家のすぐ前は川である。田中は魚釣りに興じた。イツさんの手作りの料理をよく食べた。

「分厚いトンカツよりは、このあたりの薄いカツのほうがうまい」

などと言いながら、生卵の黄身を器用に殻にとって飲んだことを、イツさんは覚えていた。ぶらりと一人で遊びに来たこの代議士はその晩、御主人と町へ呑みに出かけた。たぶん、適当なところに遊びに行ったのであろう。イツさんは田中のこだわりのなさに感じ入ったという。

田中の選挙区である新潟三区の中でも過疎地域に入る南蒲原郡の下田村に住む坂井正治氏は、田中が第一回総選挙に出馬して以来の支持者で、昭和二十八年秋には越山会南蒲原郡支部を結成した。坂井氏は上京して、田中にその支部の看板を書いてもらった。田中は喜んで、

「ぼくが総理大臣になったら一千万円でこの看板を買い取るゾ」

と気炎をあげたという。

昭和二十七年の総選挙、同二十八年のバカヤロー解散の総選挙は、こうした田中のこまめな選挙区活動もあって当選はしたが、地元で選挙運動を進めていた本間秘書らは苦しんだようだ。柏崎市の石黒武久氏はこのとき朝の五時に、本間が玄関の戸を叩いて入ってきたことを記憶していた。本間は「せつない事情」を訴えたという。中央政界での苦闘と併せて、選挙区でも試練の時は続いていた。

田中は、昭和三十年に衆院商工委員長に選任された。その頃、田中の代議士生活の中で最も深刻な内面的な危機があったようだ。

代議士に出馬するときに真っ先に相談した恩師の草間先生に、

「代議士をやめたい」

と電話してきたのである。

心配した草間先生は、田中の担任だった金井満男先生とともに上京した。

このときの田中の政界への失望の原因は、当時の代議士たちに対する不信の念にあったとい

う。

「政治家だけが日本の政治を動かしているわけではない。政治家をやめても、日本のためになる道はあるのではないか」

と田中は悩みを訴えた。

「日本のことを本当に考えている政治家が少なければ少ないほど、君は政治家をやめてはいけないのではないか」

草間先生はそう諭した。

草間、金井両先生の話を聞いていた田中は、そのうちにうなずいた。翌朝、田中は新しい背広にネクタイからワイシャツまで新しいものを身につけ、二人の恩師の前に姿を現わした。

「代議士はやめません。しかし、代議士を続けるなら、ただの代議士にはならない」

田中はこう言って微笑したという。

第六章　実力者への道

浪花節大臣

転機は、岸内閣の誕生によって訪れた。昭和三十二年七月の岸内閣改造人事で、田中は郵政相に任命された。政界の裏の部分で主に発揮されていた田中の政治的才能は、この郵政相時代にセキを切ったように表舞台で噴出する。

田中新大臣による全逓の春闘に対する大量処分は、自民党側から「よくやった」と評価されたが、組合員の一割方に何らかの処分がおよんだ。野上委員長らの幹部の解雇は、のちにILO問題に発展する。

この大量処分をめぐる全逓幹部との交渉の中で、田中が自民党の政治家として得たものはかなり大きかったようだ。これだけ大量の処分を行ないながら、全逓幹部から田中への非難はあまり出なかった。

逆に、田中は交渉の席で大出俊氏（全逓副委員長から社会党代議士）らの優れた交渉力に感銘し、宝樹前全逓委員長らに「オレの秘書に大出君をくれよ」と申し込んだ。さすがに宝樹氏も大出氏も笑って相手にしなかったが、「強引な手は使うが憎めない男だという感情を抱いた」と宝樹氏らは言っていた。

郵政相としての業績の一つに、民放三十九局の免許決定がある。八十六社百五十三局の乱立した申請を政治的に決断した。新聞社関係の民放の免許を認めたことは、田中と新聞業界との関係を深めた。また、ほぼ全国各県の地方財界人、有力者と会い、政治家田中角栄の力量を印象づけた。

民放の公共性という面から見て、

「新聞社が責任を持ってはっきりと表に出るということは、かえってマイナスが少ない。新聞社はラジオやテレビの中に、新聞に許されている論説など自由な発言、あるいは政治的な意見をそのまま持ち込むほど愚かではないと思う」

と郵政相当時の田中は言っている。しかし一方で、

「社会秩序のために刑法が存在するように、電波の周波数帯という限られた手段を使う民放にはルールが必要だ。公の放送をする機関には電波法、放送法がある。まったくありがたいことだと思う」

とも言っている。

このような大臣としての活躍のほかに、郵政相当時の田中は「浪花節大臣」という異名をとった。NHKの人気番組であった「三つの歌」に出演した田中は、宮田輝アナウンサー（のち自民党参院議員）に乗せられて「天保水滸伝」を一席うなったのであった。田中に言わせると、その経緯はこうである。

「では水滸伝でもやるか、と思った瞬間にちょっと考えた。郵政大臣として教育方面にも配慮しなければならない。これはやりたくないなと思った。『杉野兵曹長の妻』も戦前の懐古趣味

ということになる。『壺坂霊験記（れいげんき）』がいいかなと思った。そのとき、宮田アナウンサーが『天保水滸伝でもどうですか』と言った。そこで先方の顔を立てて歌った。

水滸伝の中には『賭場に小判の雨が降る』という不穏当なところがあるが、さわりを歌うくらいならそこまでは行かないだろうと、歌いはじめた。そうしたら、『賭場に小判の雨が降る～』と最も刺激的なところまで行ってしまった。じつはそのあとに『今日を最後と鳴り響く祭ばやしのバチ太鼓――』と続くので、そこまでやればお祭りの雰囲気ということで、言い訳ができたのだが……」

さっそくマスコミに叩かれた。郵政大臣の知性は浪花節程度か、という意地の悪い冷やかしもあった。

この事件で「浪花節大臣」というイメージを植えつけることになった。田中の庶民性、気さくさの一面を表わすイメージではある。しかしその反面、浪花節という俗っぽい娯楽に偏見を持つ知識人たちに、田中の政治家としての優れた勘や、抜群の頭の回転の速さという長所を無視される先入観となったことも否定できない。

余談となるが、この浪花節事件のあと、田中は荒垣秀雄氏と対談した。その中で「宮田アナウンサーに『ほめられた』」としゃべった。ところが、その部分は週刊誌を見ると「宮田アナウンサーに『はめられた』」となっていた。おそらく誤植であろう。一字違いだが、「校正おそるべし」という新聞界の戒めの一例になり得る。

田中は荒垣氏に「あれはまずい」と訴えた。宮田アナウンサーは悪気があって浪花節を頼んだのではない。それを「はめられた」と田中が言ったとすれば、NHK内では監督官庁の親玉である郵政相の不興を買ったということになり、アナウンサーの責任問題になりかねない。田中が荒垣氏に訂正を求めた裏には、こういった配慮もあったという。

田中の郵政相就任は、言うまでもなく佐藤のバックアップによるものだった。岸内閣が成立し、それまで冷遇されていた佐藤とその周辺も、政界の表舞台に登場しはじめていた。

じつは佐藤は、岸からの入閣要請を辞退して佐藤派の結集に総力をあげていた。佐藤は自分とともに無所属となって苦楽をともにした橋本登美三郎の入閣も考慮したが、当時、橋本らと派閥事務所を構えたばかりでもあり、橋本も田中の入閣には異存はなかった。

昭和三十三年四月には「話し合い解散」があり、五月の総選挙後、六月に第二次岸内閣が発足。佐藤派は四十人近い勢力で主流派の最大支柱となった。佐藤は蔵相として入閣、同派内からは愛知揆一が法務、橋本龍伍が厚生にそれぞれ入閣した。

田中は、この佐藤派の幹部として政権の内側から、ふたたび政局の裏面で活動をはじめた。

一方、池田派はこの総選挙で一挙に五十人ほどの派閥に躍進した。池田派には旧吉田派の長老である益谷秀次をはじめ福永健司、小坂善太郎などの党人、前尾繁三郎、大平正芳、黒金泰美、宮沢喜一ら官僚出身の優秀な人材が揃った。池田派は、日の出の勢いであった。

しかし池田は、主流派の佐藤とは異なって反主流の立場だった。昭和三十三年秋、岸内閣は警察官職務執行法改正案を国会に提出した。同法案は野党と世論の猛反撃を浴びて廃案となり、岸は動揺する。池田はこの虚をついて同年暮れ、三木武夫経済企画庁長官、灘尾弘吉文部大臣とともに無任所大臣を辞任する。いわゆる三閣僚辞任である。

池田はなぜ、このような行動で岸に挑戦したのか。

池田の首席秘書官だった伊藤昌哉氏はその理由を『池田勇人——その生と死』の中で、

「一口に言って、岸のやり方に不満だったのだ。警職法を唐突に出し、一挙に強行可決しようとして政局を混乱に導いた責任を追及したかったのである。岸と池田では、民主主義の理解がはっきり違うのだ。思想が違うのだ。それは戦前派と戦後派の断層でもあった」

と書いている。

吉田を戦後民主主義の本流、いわゆる保守本流と見る立場からは、岸の戦前的な政治の体臭に反発があった。池田こそが吉田の政治の流れをくむ戦後保守の本命だという、一種の政治的潮流が池田派の「上昇気流」の中に息づいていたと言ってよい。

佐藤は、守勢にまわっていた。防衛本能が口を堅くする。官僚生活から学んだ独特の秘密主義がこの人の体質となっていた。佐藤は政権をとってから、閣議の内容や話し合いが外部に漏れると不機嫌になった。「政治の本質はその秘密性にある」と言っているかのようだった。

その点で、師の吉田茂を真似ているようでもあった。吉田は外交官としての経歴からか、貴族趣味の生活からか、いずれにせよ政治についての談合が外部に漏れるのを病的なまでに嫌った。

佐藤が一派をなし、その言動が岸内閣の支柱として重きをなしてくると、政治部記者は佐藤邸に「夜討ち」「朝駆け」をかけるようになった。だが佐藤は口が重い。知っていても話さない。情報のとれない新聞記者は苛立った。そして佐藤に口を開かせようと、佐藤に情報を持ち込んで信頼を得ようとする記者と、攻めることを半ばあきらめて、ほかに情報を求める記者とに分かれていった。

渦中の実力者を取り巻く記者たち、右から３人めは筆者

この点では佐藤派の重鎮、保利茂も口の堅さでは定評があり、自然に記者たちは、田中のところに情報を求めて取材に集まった。

田中は新聞記者に佐藤の胸中や、政局の予想について的確なヒントを与え、ときには正確に状況を分析して見せた。派閥担当記者の間で、次第に田中の評価は高まっていった。ある記者は深夜、門の閉じられた田中邸の高い石塀を乗り越えて面会を求めた。ある記者は夏に軽井沢で静養している田中の別荘の玄関に座り込んだ。

佐藤の私邸は世田谷の淡島にあった。よく政治部記者は「淡島に特ダネなし」と佐藤の口の堅さを揶揄した。もちろん、佐藤もすべての新聞記者にコワモテであったわけではない。しかし、池田が当時、積極的に新聞記者と話し合い、むしろざっくばらんに真意を打ち明け、その打つ手までも説明していたのに比べれば、佐藤は新聞記者の多くを身内としてではなく、敵対しないまでも危険なよそ者として遇するような印象を与えていた。

政治部記者の多くが田中のもとに佐藤の代弁を求めて集まったのは、こうした事情からであった。岸内閣は昭和三十四年から、旧安保条約を改訂して新安保条約を米国との間に結ぶ準備に取りかかった。政局は激動を続けた。この中で、田中の佐藤派内における地位も確立しつつあった。

昭和三十五年（一九六〇年）の、いわゆる六〇年安保を乗り切る布石として、岸、佐藤は吉田元首相に池田入閣を依頼した。そして昭和三十四年三月の参院選挙の改造人事で、池田は通産相として入閣する。その裏には、岸退陣後の池田首班という取引があったのではないかと見られていた。

池田派の面々は不満だった。約半年前に「政治姿勢が異なる」と言って辞表を叩きつけたばかりなのである。その不自然さを打ち消す理由として、池田がすでに所得倍増論や貿易の自由化を政策目標として意識し、その持論を達成するポストである通産相の椅子に魅力を感じたと言う人もいる。

しかし、この池田入閣に吉田が介在したことを考えに入れると、その筋書きに田中が加わっ

ていることも想像できる。この点について聞くと田中は、

「いろいろな事情は知っていても、まだ明らかにできない」

と言うだけであった。

日本中を揺さぶった安保騒動の直後、岸は引退を表明した。池田勇人、石井光次郎、藤山愛一郎、大野伴睦《ばんぼく》が総裁選に立った（大野はその後辞退）。池田が優勢であった。だが、佐藤派内では保利や愛知が池田に反対した。このとき、石井を推す意見もかなりあった。橋本登美三郎も内心は石井支持であったようだ。一方で田中角栄、瀬戸山三男、渡辺良夫、二階堂進らが池田を支持していた。

田中は佐藤派内を池田支持にまとめるため全力をあげた。吉田学校以来の保守本流への使命感が田中をそうさせたと思われる。

総裁選の三日前、佐藤派はついに池田支持にまとまった。池田派の事務所のあった赤坂プリンスホテルに佐藤は乗り込んで、池田に手を差し出した。池田は佐藤の手を押し戴くような格好で握った。

「佐藤君、次は必ず君に総理になってもらう」

と池田は「ありがとう」を繰り返しながら言った。

田中は当時のことを、

「あのとき佐藤に、池田の事務所まで行くべきだと言った。佐藤はそこまでしなくても、と考

えていたらしいが、私が保利、橋本君なども連れて赤坂プリンスホテルを訪れた。あれでまとまった」

と説明している。

池田内閣は安保闘争後の危機を巧妙に乗り切った。所得倍増論と、池田の「寛容と忍耐」のキャッチフレーズは、自民党政権に一つの明るさを取り戻させた。

昭和三十五年十一月の総選挙では浅沼稲次郎（社会党委員長）暗殺事件があったにもかかわらず、自民党は二百九十六人が当選、保守系無所属の入党を加えて三百人の大台に乗せた。

このため池田内閣は長期安定政権のように見えたが、実態は決してそうではなかった。すでに十一月末、佐藤は大磯の吉田邸で池田と会い、次期政権を自分が担当する意思を伝えていた。翌年の政治的暴力行為防止法案の廃案の際には、福田政調会長と保利総務会長が閣僚用トイレの中で「この騒ぎで池田内閣は総辞職まで行くだろう」と話し合っていたことが池田側近に伝わった。佐藤派と岸・福田派が池田内閣倒閣の策謀をやっていると受け取られたのであった。

池田は昭和三十六年六月に訪米し、ケネディ米大統領と会談、帰国後、内閣と党の改造人事に着手した。

田中は政調会長になった。幹事長は前尾繁三郎、総務会長は赤城宗徳だった。内閣には河野農林、佐藤通産、藤山経済企画、川島（正次郎）行政管理、三木科学技術というように実力者が配され、党の副総裁には大野伴睦が就任した。党人事のほうはそんな内閣に比較して「軽量三役」と呼ばれた。田中は四十三歳になったばかりだった。異例の若い政調会長である。

昭和三十七年七月、自民党大会で池田は再選されたが、この大会には藤山が出馬の意思を表明し、佐藤派内にも保利を急先鋒とする主戦論があった。

田中は佐藤派内を押さえるために保利と激論した。田中は、保守本流としての池田、佐藤が血で血を洗うような抗争は避けるべきだという意見であり、その背後には大磯の吉田の意向もあったようだ。

田中は池田・佐藤会談をあっせんした。

佐藤はその日午後の閣議のあと池田と会い、

「私に立候補を求める声が強い。河野一郎を閣内から切るべきだ」

などと要求がましいことを一方的な調子で話したという。

しかし同じ日の夕刻、池田と会った佐藤は出馬を取りやめることを池田に伝えた。すでに池田派幹部の大平と連絡をとっていた田中は、このあとの改造で田中大蔵、大平外務のポストを約束させていたのだ。

四十三歳の蔵相の登場は、世間をアッと言わせた。

越山――光と影

秋から冬にかけて、上越線で長い清水トンネルを抜け、越後湯沢へと下ってゆくと、車窓から壮麗な三国山地の白銀の稜線が眺められる。よく晴れた日に青空を背景にしてそそり立つ純白の雪の峰を仰ぎ見た人は、その美しさをいつまでも忘れないだろう。

表日本から越後に入ると、そこは確かに雪国であり、どこか別の国に来たのではないかという思いにとらわれる。

越後での何日かを過ごして、上越線を逆に上って上越の山々をはるかに目にしたときは、とくにそれが夕刻の黒い山稜のシルエットであるときには、かつて越後の人々が京や江戸への旅立ちに抱いた心情はどのようなものだったのだろうかという思いも湧いてくる。

越山――。かつて同じ号を持つ上杉謙信も山を越えて京への野望を抱いた。他国から越後に入った人がこの土地に別天地を感じるのとは逆に、越後の人々にとって山を越えて都会を思う気持ちは、宿命的なものだろう。

昭和四十三年のある秋の日、こんな思いにふけりながら、私は長岡を出て上野へ向かう特急の車内で、田中への「箱乗り取材」(列車や自動車の中に同行して取材すること)をするチャンスを待っていた。車窓の左側に、白雪をいただいた越後駒ヶ岳が見えはじめていた。

田中は隣りの席に座っていた土建業の大石組の社長である大石三男氏と、選挙区の話などをしていた。当時、自民党担当記者会である「平河クラブ」にいた私は、いわゆる田中番記者を命ぜられていた。田中が西山町の実家に帰り、長岡から帰京する車中で、「佐藤三選」をめぐる党内の情勢を聞くつもりだった。三選を目指す佐藤は、前尾と三木の挑戦を受けていた。佐藤の優位は動かなかったが、前尾二位、三木三位とする見方が有力だった。

この頃田中は、閣僚や党役員から外れていて無役だった。自民党の都市政策調査会長は務めていたが、執行部ほどには行動を縛られていなかった。佐藤派は派閥解消の声を受け「周山会」という佐藤個人の後援会を解散しており、派閥活動は政策研究に名を借りた「木曜研究会」をよりどころとして行なっていた。田中は、その座長でもあった。

しかし、私に後ろ姿を見せているこの政治家は、すでに佐藤派の一幹部というだけではなかった。越山と号し、池田内閣から佐藤内閣にかけて蔵相として池田、佐藤という政権の禅譲の橋渡しをした。そして、佐藤内閣の幹事長として四十代の若さで党内を牛耳った。

いわゆる黒い霧事件の責任をとって幹事長を退いたが、その間、田中は都市政策調査会長として「都市政策大綱」をまとめた。佐藤主流派の大黒柱であり、同時に佐藤の盟友福田と並んで佐藤以後の政権の座を狙う実力者であった。

すでに田中には伝説ができていた。「毎朝目白の私邸で二〜三百人もの陳情客に面接すること」「池田内閣から佐藤内閣にかけての蔵相時代に、秀才揃いの大蔵官僚を見事に操縦したこと」「田中・大平ラインという協力関係を大平正芳との間に結び、時の政権の枢機に参画して政治力を増幅したこと」「佐藤派の台所の半分近くをまかなう金の面での実力を備えていること」等々である。

それらは超人的な新実力者像だとも言えるが、その陰で週刊誌や政敵から「スキャンダルが尽きない」とのそしりを受けた。

政治家のイメージというものはどこまでが虚像でどこまでが実像だか、よくわからない。政治部記者たちがどこで実力者の実力のあるゆえんを認識するのかは、その記者の個性によってもずいぶんと違う。

ただ、実力者には共通点がある。派閥の長というだけでなくて、政権を狙い、政権の座をもぎとるだけの力のある政治家には、おのずから備わった威圧感がある。かつての吉田が、そうであった。鳩山内閣に執念を燃やした三木武吉には怨念のような不気味さがあった。国会の赤じゅうたんの上でこうした政治家とすれ違うと、老練の記者でも「風圧」を感じたという。

池田にも、風圧があった。私は池田番の経験がある。池田の持つ何かは、政権のある時期で突然変異したという気がした。政権をとった直後の池田には厳しさと生真面目さがあった。それは変わらなかったが、私が池田番からほかの記者クラブに移ってしばらくしてから国会で見た池田には、当初の「闘志」を感じさせる風圧が弱まったように思われた。

これも、池田の不幸な病を知ったのちに、私が作り上げたイメージかもしれない。それでも風圧を減じた分だけ、池田の横顔に孤独の影を感じたような覚えがある。

佐藤にも独特の風圧があった。強気の風である。時々によって波があったが、引退を目前にした昭和四十七年の国会で野党や世論から総攻撃を受けても、その戦闘的な「強風」は止まなかった。

世上、佐藤の「待ちの政治」などと噂されたこともあったが、その待った分だけは、佐藤は狂暴とも言える怒りを自己に敵対する側に叩きつける。政権の座を自らの人格の所有物として愛着するのでなければ湧出することのない活力であろう。

この頃の田中にも、そのような風圧が表われはじめていた。ある先輩記者は、

「あの男は将来必ず政権をとる男だ。それを頭に入れて取材しろよ」

と言った。

だが、上越線の列車の中では、その風圧も感じられなかった。

私の質問に田中は照れて、

「越山という号は上杉謙信を意識したわけではない」

と答えた。

田中は、党内事情にうとい新人の私に、佐藤三選の問題点を話した。そして話題は池田三選当時の裏話にもおよんだ。

昭和三十九年の池田三選をめぐる佐藤との激突は、政界の語り草になっている。池田には大野伴睦が、そしてのちには河野一郎という実力者ががっちりと密着していた。

池田総裁実現に大きな力となったはずの佐藤は、岸と福田が強い反河野の立場をとっていただけに、池田体制のもとで孤立する傾向にあった。

福田は池田内閣発足当時の政調会長であったにもかかわらず、池田の高度経済成長政策を批判して、池田を激怒させた。池田は徹底的に福田を干した。そこで福田は「党風刷新連盟」を結成して、池田、大野、河野に対して派閥解消を申し入れた。派閥解消の動きそのものが、見事な佐藤援護のための派閥活動であった。

福田は淡々としているように見えるが、そのシンの強さは恐るべきものがあった。池田を静養先の箱根まで訪ねて、門前払いを食わされることを承知で「党風刷新」の申し入れをやろうとしたのである。

昭和三十九年の五月、慶応病院に入院していた大野が亡くなった。副総裁大野の死は池田体制にとって痛手であった。大野は「オレの目の黒いうちは、栄作に政権はとらせない」と公言していた。党内のバランスは崩れた。

池田は三選を決意していた。問題は、佐藤があえて挑戦するかどうかだった。田中は、池田と佐藤の接点にいたが、もう一つの接点には吉田茂が健在だった。

佐藤派の田中としては、池田がこの際、佐藤を後継総裁に指名することがベストである。吉田にとっても、池田から佐藤への政権の禅譲は望ましいものに思えたようだ。

池田内閣は、吉田が期待したような「吉田学校」の嫡流の使命を、少なくとも外交の分野では十分果たしたとは言えなかった。日米貿易経済合同委員会をスタートさせ、日米関係を緊密化したが、吉田が秘かに布石を打っていた沖縄返還や日中国交の打開まで手がまわらなかった。池田一流の「寛容と忍耐」の政治姿勢は、世論や野党と正面から衝突するよりは、対立を迂回することを選んだ。少なくとも、佐藤はそう批判した。

吉田としても佐藤の登場を期待する気持ちは強いが、池田と決戦をしてでも総裁の座を戦い取るべきか、ということになるとためらったようだ。田中も同様だった。

佐藤側の主戦論者は保利と福田であった。保利は国民的な人気の高い河野に追い抜かれることを怖れた。佐藤は総裁選に乗り出す気持ちに傾いていた。

田中は吉田の意も受けて、なんとかこの激突を回避するために手を打とうとした。

「東京オリンピックが三十九年の秋にある。これを花道にして池田は引退する。その際は佐藤に政権を禅譲する。私は、この構想で打診した。池田は佐藤と話してみてもいいと言う。大蔵省の大臣室から私は信濃町の池田私邸に向かった。佐藤は夕方から宴席に出ていて、つかまらない。時間つぶしのために池田と酒を呑んだ。最初は謙虚に佐藤の話を聞くという態度だった池田は、酒が入ると気が大きくなって、いつものくせでビールから日本酒、ブランデーとちゃんぽんにやり出しそうになった。

私は急いで佐藤をつかまえようと淡島の佐藤私邸に電話するが、寛子夫人が『まだ帰りません』と申し訳なさそうに言うだけである。かなり時間が経って、池田も私もいささか酒でてき上がった頃、寛子夫人から『帰った』という知らせがあった。私は池田と話の筋を打ち合わせて、電話をかけ直した。

ところが今度は佐藤が風呂に入っているという。私は、池田と佐藤が直接話す前に、段取りを佐藤に話して双方納得ずくで電話で話し合い、二人の会談場所と時間さえはっきりすればよいと考えていた。『佐藤が風呂から出たら電話を入れる』と寛子夫人が言うので、待っていた。

電話のベルが鳴った。私が手をのばそうとしたら、メートルがあがっていた池田のほうが先に手を出してとってしまった。池田と佐藤は昔からキミ、ボク、と気楽に話し合う仲ではあったが、佐藤のほうはぶっきらぼうで、口べただ。風呂からあがって電話をかける間に切口上を考えていたらしい。電話をとった池田は『やあ』とか言ったあと、表情が険しくなった。池田は佐藤との会談をやろうと言うつもりだったのに、佐藤が簡明直截《ちよくさい》に『次は私に政権を譲ってもらいたい』という趣旨のことを、池田にぶっつけてしまった。池田は急に不機嫌になって『君はそう言うが、政権は譲るとか譲らないとかいうものではない』などとダミ声で言いはじめた。しまった、と思ったがあとの祭りだった。結局、お前がやると言うなら、オレもやる、というような売り言葉に買い言葉になって電話は切れてしまう。これでダメだと思った。電話に手を出したのが早かったか遅かったかで政治史の一ページは変わるものか、と私は思った」

田中は池田、佐藤の調整の秘話をこう語った。

総裁選の結果は、劇的であった。

池田二百四十三票、佐藤百九十四票、藤山三十九票。池田対佐藤・藤山の差はわずか十票。過半数を上まわること四票差の大接戦だった。この総裁選ほど背後で奇怪な噂が流れ、買収の実弾が乱れ飛んだことは、かつてなかったと言われる。その金額は何十億という単位にのぼるという。この派閥抗争を象徴するかのようにその後、吹原事件が摘発された。

池田から佐藤への禅譲が行なわれたほうがよかったかどうかは、私にはわからない。ただ、池田と佐藤という保守党の二大派閥が血みどろの権力争いを露呈し、ニッカ（＊二陣営から現金を受け取ること）、サントリー（＊三陣営から）などという票を金で買う醜い実態を国民の前にさらけ出したことにより、政治不信の根を国民の中に深く植えつけたことは間違いない。

昭和三十九年十月二十五日、東京オリンピック閉会式の翌日に、池田は辞任の談話を出した。マスコミは、池田の病が癌であることを知っていた。

辞任の談話を出した日、川島副総裁、三木幹事長、河野国務相らが池田に招かれた。三木は後継者を総裁指名で決めるべきだと提案した。池田も了承した。佐藤、河野、藤山の三者が候補だった。衆目の見るところ、それは佐藤と河野の決戦であった。藤山説もあったが少数だった。

川島と三木が池田の命を受けた形で党内を打診した。川島が河野、三木が佐藤に好意的であると伝えられた。

田中は、表面の動きの背後で活動していた。田中は池田の病床を訪れた。

「君の言おうとしていることは、わかった。だが最後まで話し合いを続けるのだから、ぶち壊しにするような動きをしないよう佐藤派をまとめてほしい。ひとことだけ言っておくが、もし金が動くようなことになったら、私はすべてを御破算にするからな」

池田はこう田中に伝えた。

佐藤派の内部はあせり、苛立った。池田の腹心の前尾や川島には反佐藤感情がないとは言えなかったからだ。

田中は大平と連絡をとった。さらに田中は、東急ビルの佐藤派の事務所に陣取った。田中が派閥的な動きを押さえたため、派内から不満が起こった。

池田派内も複雑だった。四カ月前には佐藤とお互いに満身創痍となるような総裁選を戦ったのである。河野は、そのときの最大の協力者だ。大平は築地の「栄屋」という池田が愛用した料亭で、池田派内の動きを見ていた。

田中は、池田との約束を守った。そして十一月九日朝、池田は「佐藤後継」を裁断した。川島も三木も佐藤を推薦したからだった。

列車は上野駅に着いた。

上越線の小出付近からはじまった私の取材に、田中は過去の政局の折目節目を解き明かしながら答えた。田中が保守本流の形成に尽くしたエピソードも、ほかの実力者から見れば異論のある点も多いと思う。しかし、田中の散文的な口調の奥に、保守政治の源流とも言うべき水脈、いや、人脈がうかがわれたことは事実である。

最後に私は、いまや盟友とも言える大平について聞いた。田中はこう言った。

「彼にも派閥を運営する『担当能力』ができたな」

佐藤政権の幹事長となった福田、幹事長から外相に転じた三木、前尾とその背後の大平、早くもポスト佐藤に向けて実力者たちは力をたくわえつつあった。

上野駅で別れた田中の背中には、闘志が溢れていた。

第七章　お国が私を必要とするならば

数字との戦い

話を昭和四十三年の「佐藤三選」に戻そう。

この総裁選には、沖縄問題で佐藤と対立し辞任した前外相の三木が、沖縄返還の「本土並み」の必要性を訴えて出馬した。このため佐藤は「三木君を外相にしたのは私の不明の至り」と口走るまでに激怒した。このとき佐藤には、沖縄が核抜き本土並みで返還される見通しも、確信もなかった。外務官僚が「核抜きは不可能だ」という米国務省筋の難色を佐藤に伝えていたのである。沖縄返還は佐藤の三選のスローガンだった。

三木は善戦した。前尾を追い抜いて二位に入った。前尾は票数がのびなかった。結果は佐藤二百四十九票、三木百七票、前尾九十五票であった。

田中は佐藤三選推進本部の責任者として、佐藤二百五十票と読んでいた。当日、佐藤派の坂田英一が病欠したので、ぴったりの票数だったということになる。私は首相官邸の裏庭での祝賀パーティーで田中に、

「あまり見事に当たったのでビックリしましたよ。職人的な票の出方でしたね」

と言った。が、田中はあまりうれしそうな顔はしなかった。

その後、しばらくしてわかったのだが、田中はこのとき前尾、大平、さらに川島とも連絡をとって、翌日の十一月二十八日から本格化する組閣、党三役人事の打ち合わせをしていたのだった。

佐藤の頭の中にはこの人事で田中官房長官、保利幹事長という構想があったと言われる。だが川島と田中は、これでは福田政権への準備と見られるとして強く反対したという。前尾派も同様だった。

結局、保利官房長官、田中幹事長ということに落ち着いた。佐藤・福田・保利のラインと川島・田中・大平のラインが食い違いをことごとに示しはじめる前兆だった。

保利はこの人事が決まったとき田中に対して、

「角さん、ひどいじゃないか」

と怒ったそうである。

田中幹事長が佐藤の指名を受け、総務会で了承されたとき、田中は前幹事長の福田と党本部の廊下でバッタリとはち合わせした。偶然だった。福田に「やあ」と言う間も与えず田中は福田の肩を抱いた。そして大声で、

「君と仲が悪くてケンカばかりしているとみんなが言うので困る。さあ、仲のいいところを写真に撮ってもらおう」

とカメラマンを手招きした。

福田は戸惑いながらも、微笑んだ。

この頃の田中は、好んで紺系統の背広を着ていた。三つ揃いであった。けれども初出馬時の田中は、茶系統の背広を着ていることが多かった。選挙区の人々の記憶には、田中が茶色の背

広で演説している姿が残っている。茶系統の背広は、落ち着いて見える。年齢より老けて見えることが多い。紺系統のほうが若々しく見えることは明らかである。田中はほかの総裁候補と言われる実力者たちに比べると一世代も若かったとはいえ、この翌年、五十歳に手が届こうとしていた。紺色の背広を身につけた田中は、確かに若く見えた。無役時代にはじめたゴルフ焼けも逞しさを感じさせた。

二度目の幹事長務めの田中は雄弁であった。

大学紛争が各地で続発し、昭和四十四年の東大安田講堂事件で頂点に達した。田中はこの頃よく、大学の「都市からの疎開」を口にした。筑波学園都市のような部分的な計画ではなく、全国の国立大学などを北は北海道の阿寒湖畔から南は九州霧島高原に移転し、全寮制の総合大学を創るというのである。

大学紛争の最中に、これはかなり迂遠な構想ではある。実現すれば、面白いことは間違いない。三国山地をブルドーザーで削る話よりは説得性はある。ただ、その大学に教授や学生が「疎開」するかどうかは、やはり別問題だろう。

このような思いつきのほかに、田中は昭和四十二、三年にまとめた「都市政策大綱」の具体化を強調しはじめていた。すなわち「日本列島改造論」である。

この構想は、壮大である。しかし、この中には池田、佐藤と続いたＧＤＰ礼讃の経済成長論の残滓が浮かんでいる感じを否めない。

美濃部亮吉都知事が提唱した「シビル・ミニマム」（＊市民の最低生活水準）のような発想によってこのマクロの構想を洗い直すことも、七〇年代の政治には必要だろうと私は思っていた。

田中の奇抜な着想を、朝駆けのねぼけ眼やアルコールの入った夜の懇談で理解し、記憶することは難しい。田中には特異な数学的才能があった。池田も数字に強いことで有名だった。立て続けに経済、産業の数字が飛び出すと、数学的発想に欠ける政治部記者は煙に巻かれてしまう。

田中は池田内閣蔵相当時、まだ秋の頃、はじめての予算編成で記者たちに次のように放談したことがあった。

「予算規模は二兆八千三百億から五百億円。財政投融資は一兆円以上、一兆一千億に達することもありうる。減税規模は五百億円」

そして十二月三十日に予算が決まると、その放談は現実となっていた。一般会計二兆八千五百億八千万円。財投は一兆一千九十七億円。減税は五百四十二億円だった。

数字、つまり数量によって物事を判断し結論を見出すのは、経済人、技術人の特技である。田中も、政界の事情にさえ、数字をもって結論を出すようなところがあった。しかし、政治は決して数字の指針に従って動くだけではない。自民党の総裁選に焦点を絞り、多数派工作をすることのみが総理総裁の座を勝ち取る道ではない。

「総理総裁というものは、党内から推されてなるべきもので、とろうと思ってもとれるものではない」

田中はこの当時、口ぐせのように言った。自戒の弁であったのかもしれない。

昭和四十四年春から暮れにかけての田中の幹事長としての職務は、まさに日程とタイミング、与野党の力のバランス、そして学生運動などを含めた世論の動向とを比較計量し、沖縄返還と衆院解散の可能性の最適の組み合わせを見出すことであった。「コンピューター付きブルドーザー」というニックネームを二階堂進が奉ったのも、この頃である。

財界人の中にも、

「これからの日本は田中のような、若い力のある指導者を必要としている」

というファンが多くなっていた。

奇妙な幅の広さ

この年の五月、田中は自民党幹事長として毎日新聞社の国会方式安保討論に出席した。社会党から江田三郎、石橋政嗣、民社党から佐々木良作、曽祢益、公明党から矢野絢也、黒柳明、共産党から宮本顕治、不破哲三の論客が参加した。

討論の中で共産党の宮本は、日中戦争、第二次世界大戦はどういう性質のものか——と食い下がった。宮本の論理は、戦前の政府も戦後の保守政権も同じ政治、資本主義体制の延長線上にあるのではないか、というものだった。

「日本のいまの政府が米国と条約（日米安保条約）を結んで、保守勢力が権力を握ってきたのだから……。そういう意味では当時の政治責任というものと、今日の政治との関係というものを明らかにしなければならない」

と宮本は主張した。

宮本の問いかけは、確かに戦後保守本流が国民の前に体系的、哲学的には突き詰めていない疑問点の一つである。

宮本は続けた。

「あなた方の明治百年というものを見る見方の中には、それがあるんだから――」

田中は遮って答えた。

「当時は自ら国際紛争をいつも巻き起こしたんですから、これは行きすぎであったことは、もう言をまたない。しかし、そういう戦前の日本の政治体制と戦後の自由民主党とはまったく関係のないものだ。それは、われわれは戦後、新しい憲法の下で選挙で出てきたんですし、しかも直接選挙でやったんですね。大命降下でもってやっているわけではないし、そんなことまで一緒にするなんて話にならん」

宮本は引き下がらなかった。彼は自民党の掲げる民主主義の本質をついた。宮本は占領下の国会で共産党の川上貫一が安保条約反対の演説をして議員を除名されたことを取り上げ、そこに反共主義が存在するのではないか、と斬り込んだ。

田中は説明した。

「戦後の日本は、やはり世界でもって最高の部類の民主主義を実践しておる国だと誇ってもいいと思います。それは民主主義の発展の過程において四分の一世紀の短い間に、かかる民主政治を完成してきたんだから、除名は、その過程における一コマのことである。あなたの見方もあるが、私のほうから言うと、少なくとも院議が決定したものであって、議会制民主主義を守る以上は、国会議員として院議が決まったなら、その院議に従うことが正しかったんじゃないですか」

宮本は笑いながら言った。

「それは形式論で、問題の根源の中身のことを言っているんですよ」

田中は答える。

「そのときのことから言うと、それはまあ、その当時は占領軍の治下にあって、いろんな問題があったでしょう。憲法に優先する占領軍の権限が存在したあの当時から、だんだんと今日のような『日本人が日本人のために行なう政治』という民主政治の形態までやっと育ってきたんですからね。あなたは十五年も前のことを言っている」

このやりとりを紹介したのは、戦前からの共産党の闘士である宮本の「原則論」と、戦前の空気を十分知りながらも戦後の政界に生まれて育ってきた保守本流の一人でもある田中の「現実主義」の、対照の妙からである。

田中には、吉田や池田、佐藤にはない奇妙な幅の広さがある。選挙の応援演説などでは、かなり露骨に反共的な言辞も飛ばす。昭和四十五年の京都府知事選挙のときにも「日本人は共産党が嫌いなんです」とやって、共産党から抗議が出た。

その限りではまさに保守本流の一員なのだが、宮本にしろ、かつての日本労働組合総評議会のリーダー岩井章にしろ、田中という男は「話のわかる男だ」という見方をしていたようだ。それは、田中が保守の枠からは出ないにしても、本能的に「歴史としての現在」を意識していることを、宮本なり岩井なりが感じ取っていたからであろう。

田中が直接のパイプを通じている野党の責任者の数はかなり多かった。野党の背景となっている諸団体の意外なリーダーとも、田中はルートを持っていたことは事実である。その交渉当事者能力の大きさは、ちょっと他に例を見ないほどのものがある。

日韓国会当時、幹事長だった田中は民社党の春日一幸との膝詰め談判で「強行」を一日延期することを呑んだ。民社党内が賛否をめぐって真っ二つに分裂しそうだったので、春日が「一日の時を貸せ」と言ったのだ。田中は、はやる政府・与党を押さえた。春日もその時限内に党内をまとめた。約束を守る――つまり政治家に不可欠なのは信用なのである。

公明党書記長だった矢野絢也は言う。

「私は田中に政治の次元では一切貸借はない。取引はしなかった。しかし、人間的に魅力のあることは確かだ」

人の心をつかむことにかけては、すでに名手の域に達していたようだ。

昭和四十五年十二月、社会党大会で石橋政嗣が新書記長の椅子に座った。石橋は挨拶まわりで院内の田中幹事長を訪ねた。

石橋が特徴のある鋭い目を光らせながら幹事長室に入ってくるのを見た田中は、開口一番、

「やあ、おめでとう。君のことをカミソリだなんて言う人がいるが、君はカミソリではない。日本刀だ。日本刀の切れ味だよ」

と大声で祝福した。

この回転の速さに、さすがの石橋も照れて苦笑しているところへ、

「ひとつこれからの国会はお手柔らかに」

と田中は先制攻撃をかけた。

律儀な石橋は、

「それはまた別の話ですよ」

と切り返した。

たまたま幹事長室に居合わせてこのやりとりを目撃した私は、両者のいかにも持ち味を出した会話に笑いをこらえ切れなかった。

田中は五十歳そこそこの若い実力者であった。大正七年生まれの田中は、かつてヤングパワー

として党務や国会の舞台で暴れまわった。しかし、その田中が二度目の幹事長時代には、昭和生まれの自民党のヤングパワーに突き上げられはじめた。昭和四十三年の参院選挙で三百万票を獲得して話題となった石原慎太郎がその年の暮れに田中と会ったときのエピソードは、双方の特色が出ていて興味深い。

そのとき石原は自民党の広報活動がなっていないことを指摘して、広報委員長相当のポストを与えてほしいとズバリ要求したという。広報委員長のポストは党内でかなり比重が高い。衆院当選六、七回組が就任するくらいである。約半年前に議員となった石原があからさまに要求するのを聞いていた田中は、はっきりとこう切り出した。

「君、人間は木の股から生まれてきたんじゃないだろう」

つまり、年功序列を言うわけではないが、党内にも自然の秩序があり、その中で政治家としての「実績」を作ることが先決なのではないか。田中はこう言いたかったらしい。

石原の応対の詳細はわからないが、石原はその後、

「田中さんは優れた能力を持つ政治家だということは、よくわかった。ただ、こちらの言うことを聞き終わらないうちにしゃべり出し、一方的にまくし立てられるのはどうも屈辱的な気がしますね」

と苦笑いをしていた。

向こう意気の強さ、という点では、石原にもコンピューター付きブルドーザーにも共通点が

ある。才気や政治的倫理といった面では肌合いはまったく異なるので、両者がかみ合わなかったのはしかたがないことかもしれない。そのかみ合わない理由の一つに、やはり世代の違いもあったようだ。

素顔を見る

昭和四十四年（一九六九年）の第六十一通常国会は未曾有の変則国会だった。七〇年安保という政治的エポックを保守、革新の双方が意識して作り上げたため、政府・自民党は危機意識の中で「七〇年の懸案を先取りしよう」と考えはじめた。つまり、七〇年の国会開会中に日米安保の期限が到来するため、いわゆる自動延長で安保条約を存続させるにしても、七〇年の国会では「重要法案」を審議することができなくなる。

このため、大学紛争を収拾する目的で急遽作り上げた大学運営臨時措置法案（大学立法）をはじめとして、国鉄運賃値上げ法案、防衛二法案、健保改正法案、総定員法案などを、この通常国会で、結果的には一挙に成立させようと政府・与党が強硬姿勢で野党と対決したのであった。

田中は、このかつてない強行採決ラッシュの陣頭指揮をとった。衆院段階で十五回もの強行採決が行なわれ、参院でも会期延長後の大学立法の強行を含めて五回、合計二十回という異常な国会となった。大幅延長を含めて会期は二百二十二日であった。議会制民主主義は危機的な様相を呈していた。

田中幹事長は佐藤政権の「最前線指揮官」として、国会政局の壁を体当たりでぶち破った。

七月十四日に衆院本会議で「健保修正案」を異例の起立採決で強行可決。これによって石井光次郎衆院議長が辞任。衆院議長は松田竹千代となる。

同二十一日、ただちに「防衛二法案」を議長職権で本会議に上程し、二十三日に徹夜で可決。

当時、全学連などが全国の国立大学を中心に「ゲバルト」(暴力) 決起を叫んで大学紛争が荒れ狂っていた。彼らは大学内だけでなく、国際反戦デーの「ゲリラ行動」で首相官邸、自民党本部、市ヶ谷の自衛隊駐屯地やＮＨＫ、新宿駅などを火炎ビンで攻撃した。

政府・自民党は「大学運営臨時措置法案」を国会に提出した。紛争大学の学長が大学を半年間休校させること、また、文相は紛争が続けば九カ月で閉校措置をとり閉校三カ月で廃校にできる、という内容であった。

同法案は衆院で野党の反対を押し切り、四日間の徹夜審議で強行可決。しかし、参院では野党が強く反対して、審議が進まなかった。参院の重宗議長らはこの状況を見て強行採決は無理と判断し、同法案を継続審議にしようとした。継続審議とは、国会の外側から見ると「次の国会で審議する」というように受け取られよう。しかし、実態は「審議未了」の扱いで法案は葬られるに等しい。

田中幹事長は重宗議長らの弱気に怒り、猛然と巻き返した。この頃、参院与党の長老である重宗は佐藤支持派の「清風会」会長であり、岸、佐藤、重宗の「長州閥」三本柱の一人であった。参院議長室の分厚い扉の向こう側で、激論が起こっていた。新聞記者たちは扉の隙間に耳を寄せて、漏れてくる大声を聞いた。私も、その現場にいた。

「あなた方はもう子供が全員、十分な歳になっているから、そんなにのんき、いや、極楽とんぼでいられるんだ！　だが、じいさん方！　全国の子供を大学にやっている親はどうなんだ。大学はゲバ棒で埋まっているじゃないか。勉強も、卒業も、就職もできない。すぐに開会のベルを鳴らせ！」

重宗は渋々、開会に同意した。

田中の土壇場での「ど迫力」がなければ、老齢議員が多い参院与党は首うなだれて退却していただろう。

政局の混迷は、国会運営だけではなかった。ことあるごとに、佐藤体制の両輪である田中・川島ラインと保利・福田ラインの思惑が対立した。田中の突進力がたびたび、行き詰まった国会審議の壁をぶち破った。

「私は越後の生まれです。頼まれればどこにでも米つきに行くさ」

一つの壁が崩れるごとに、田中はそう言った。

すでに解散は必至であった。田中にとっては幹事長として初の総選挙となる。それは田中が名実ともに「実力者」となるための重大な足がかりになる。

八月五日に幕を閉じた異常国会ののち、田中は「自動車新税構想」をぶち上げた。都市政策大綱でアウトラインを引いた全国新幹線、高速自動車道、地下鉄などの抜本的な拡充の原資として、自動車の重量に応じた新税を徴収するというものであった。その構想の斬新さに拍手を送る世論と、自動車関連業界を中心とした反発で論議は沸騰した。

この夏、佐藤派の若手議員の研修会が那須のホテルで開かれた。公然と旗印を掲げてはいなかったが、佐藤派内の田中系の勢力結集であった。田中は軽井沢から車で駆けつけた。その途中、交通渋滞の車の列を見ながら田中は、あの車にはいくら、このトラックにはいくら、と自動車新税の徴収額を査定していたという。

帝王ニクラウスの指南を受け満面に笑みの首相

いささか余談になるが、田中は、二度目の幹事長になる前の、余暇に恵まれた頃に、戦前からの親友、中西正光氏にゴルフを勧められた。昭和四十三年の正月からはじめて、九カ月でハンディ十八にスコアをまとめるまでに上達した。

「オレは天才じゃないかと思う」

と田中は半ば真顔で自慢した。

真夏に二ラウンドとハーフ、つまり一日中に四十五ホールまわったというのだから驚きである。ゴルフレッスン書は片っ端から読破した。

練習をはじめて間もなくのことだったが、都心の練習場で若いアシスタントプロが、

「もっと身体をフィニッシュで弓なりに反るつもりで」

と言ったところ、

「君の歳ではそっくり返ることができても、私にできるわけがないじゃないか」

とやり返したという。

せっかちに歩いて、一度予備スイングをするとパッと打つ。絶対にプレーの遅延で人に迷惑をかけないゴルフである。「夏、腰に手ぬぐいをさげるおそれがあることを除けば模範的なマナーだ」と言った政治家がいる。

私はビギナーの頃、田中とラウンドし、ウォーターハザードの中にポチャンとボールを落としたのを拾ってもらったことがある。それも、おそらくはケニースミスと思われるウッドのクラブで気軽に水の中から引き上げてくれた。恐縮すると同時にビックリもしたが、あとで、ケニースミスなら多少濡れても大丈夫だと聞かされホッとした。

昭和四十五年の秋には南軽井沢のコースで福田赳夫との間に、世に言う「ゴルフ巌流島の戦い」が行なわれた。田中の介添には鈴木善幸（当時、総務会長）がつき、福田には同派の倉石忠雄がついた。このゴルフの対決を演出することにより角福の調整、あるいは政権禅譲の可能

性をPRするのが、倉石らの思惑であったのかもしれない。

その日は、スタートから三ホールまでは福田がよく飛ばし、リードした。田中はあがり気味でダブルボギーを二つほど叩いた。しかしその後は田中の圧勝であった。グロス九十二程度で田中はまわった。

政治的な思惑を離れて、ゴルフのラウンドを新聞記者に公開したことが、福田にとって有利だったとは私には考えられない。福田も善戦を続け、「ピンそば、ピンそば」と呟き、アプローチに期待をかけてまわった。しかし、若い田中とのスコアの差とともに、両者の体力差がいやでも目に映ったという政治部記者は多かった。田中は陽気にしゃべり、はしゃいだりしつつ、ティーからのドライブを二百ヤード以上飛ばした。五十歳にしては見事な強打ぶりだった。

軍隊で騎兵だったので腰と膝がしっかりしており、しかも建築測量の経験でグリーンまでの距離感に狂いがないことが短期間に上達した理由だと、田中は自負していた。

田中の趣味はゴルフだけではない。田中派の「副将格」である二階堂進は、「とにかく小唄にしてもいくつ覚えているのか。西村英一さん（当時、建設相）などが酒席で小唄の文句を途中でつかえたりしても、田中がスラスラと続ける。小唄は春日流名取だそうで、小唄のほかにも古い童謡とか流行歌とかも上手いし、よくもまあ記憶していると思うくらいだ」とむしろ、その記憶力の桁外れさにあきれていた。

あの昭和四十四年の異常国会の頃、田中があまりにもエネルギッシュに行動するため、田中の本当の趣味は「働くことではないのか」と私たちは疑ったものだ。

当人も、

「私は越後からの出稼ぎで、東京にいる間は仕事に打ち込む。六十歳になったら政治家をやめて、越後に帰るさ」

といかにも仕事がモットーであることを自慢していた。

酒席で興に乗ると昭和初期の流行歌を口ずさんでは、感傷的になる。浪曲も、「杉野兵曹長の妻」の哀調を帯びたあたりが得意だった。

一寸先は闇

田中の私生活と人間関係から見た印象は、感傷的な大正人であると言えよう。しかしその感傷性は政治や事業の面になると、一転して稀薄となる。

昭和四十四年末の師走総選挙は、幹事長としての田中の試金石だった。幹事長として総選挙をマネジメントすることは、自民党総裁への道のりにおいて、はかりしれないメリットである。党内派閥の次元を超えて、幹事長はすべての候補者を応援してもおかしくない。皮肉な見方だが、公認されている全候補者に対して、幹事長は総裁ダービーのための多数派工作を堂々と行なうようなものである。それだけに田中は最も効率的にこのチャンスを生かした。そこには、戦後初の総選挙に立候補して、右も左もわからないまま選挙資金をムダ弾にするような甘っちょろさは、ひとかけらもなかった。

昭和四十四年十二月二十七日の投票日は、全国的に曇りで底冷えのする天候だった。自民党本部の四階のロビーに貼り出された全候補者の名前の上に、即日開票分から次々に赤いバラの花が、まったく隙間なく並んでいった。翌朝、ロビーの中央に姿を見せた佐藤の頬はゆるんだ。「雪崩現象」が起こり、赤いバラの花が足りなくなりそうだった。

自民党は二百八十八議席をとった。田中はただちに保守系無所属議員の入党を認め、自民党は三百議席の大台を上まわった。結局は三百三議席となり、絶対多数を獲得した。佐藤と並んだ田中の顔は紅潮し、むしろこわばっていた。社会党は九十議席に転落した。

田中は、

「われわれが責任政党として大学立法でも、防衛、健保、国鉄でも泥をかぶってやったことを国民はよく知っている。沖縄返還はその回答だ」

とテレビのインタビューに答えた。

翌日の朝になると田中は目白の私邸で、さりげなく次のように言った。

「オレの言った通りだろう。二百八十台には乗せると思っていたよ」

この快勝には文句のつけようがなかった。われわれジャーナリズムだけではなく、自民党内でも文句の出るおそれはないと思われた。

ところが翌月、一月人事と呼ばれるお家騒動が起こった。渦中にあったのは田中自身と川島副総裁だった。川島を議長に棚上げする説が園田派や岸周辺から流されたのである。田中の怒りは激しかった。

「あれが、あの人たちの悪いところだ。噂を流して、そこに強引に持ってゆこうとする。川島さんは議長はやらないとすでに言っているんだ。オレはそんな動きを巻き返す」

政権とは、とろうと思っても党内の大勢から推されなければとれるものではない、というのが田中のそれまでの持論だった。この一月人事以降、田中の心境には変化が生じたと私は思う。政権とは、やはり戦わねばとれないものである。川島も田中も留任したが、大平の通産相留任は確定的と見られていたのに、反田中の宮沢喜一と交代した。佐藤人事であった。

その頃、ある記者が、川島と佐藤が鎌倉で話し合うのに同行し、佐藤の別邸に足を踏み入れた。そこは、どこかに酷似した雰囲気を感じさせた。別邸に入った川島を見届けて外に出たとき、その記者は思い当たった。大磯の吉田邸と似ている——その記者は反射的に、佐藤の心境を読んだような気がしたという。

吉田の歩んだ元老への道を、佐藤はひたすらに進もうとするのではないか。田中、福田という存在も帰するところは、そのための手段に使われているのではないか。七〇年代の幕開けにあたって繰り広げられた田中を巻き込んだ陰湿な派閥抗争は、自民党の閉鎖的社会を象徴する事件だった。

ところがこの年の秋、十一月九日、佐藤四選の舞台まわしを務め、その実現を待ちかねていた川島が急逝した。川島は、田中をポスト佐藤の椅子に座らせることを考えていた。その川島の急死は田中にとって打撃だった。川島が好んで使った「政界というところは一寸先は闇だよ」という言葉のままに、この党人政治家は政界から消えた。

田中は前年に唱えた「自動車新税」の創設に動いた。昭和四十六年度予算で実現したこの新税は「高福祉、高負担」の思想を取り入れたもので、新幹線九千キロ建設などの全国総合開発計画の裏づけとなるものであった。

この頃、田中はこう言った。

「もし、お国が私を必要とするときには、私はやる」

昭和四十六年のドル・ショックとニクソン外交の日本軽視への変身は、佐藤長期政権についに政治的使命の終焉が訪れたことを浮き彫りにした。

田中の胸中には、吉田、池田、佐藤と続いた「保守本流政治」の流れを継承しながら、官僚任せでは解決できなくなっている七〇年代の日本の政治、経済、社会を建て直すための青写真が鮮明になっていたようだ。

田中はある日こう言った。

「新人の代議士が遊びに来ると、君は予算書を読んで中身がわかるか、と聞く。まずわからない。わからないように書いてあるんだ。しかし、予算書がわかり出しても、それだけではダメだ。予算書を逆さにして読めと言ってやる。予算書で、これはいいことだ、と書いてあったら、それは悪いことだと思え、ということだ」

また、こうも言った。

「課長補佐が起案する。課長がハンを捺し、局長のところへ持ってくる。局長はわからない案でもそのままハンを捺す。大臣はなおわからないが、閣議で報告する。こんなことで本当の政治ができるか。官僚が案を作るまでは政治が動かない。こんなことをやっているから、ダメなんだ」

痛烈な官僚政治批判である。

ここで、田中が昭和四十六年の通産相時代にまとめ上げた「日米繊維交渉」を取り上げよう。田中が述懐した「本当の政治」、つまり政治家が官僚を指揮して懸案の処理にあたる好例が、そこにあるからだ。

この日米繊維交渉は昭和四十六年十月十五日、田中通産相が米国のデヴィッド・ケネディ特使との間で調印、妥結したものである。しかし、この交渉には、裏に隠された日米首脳間の取引があった。沖縄返還と繊維輸出制限に絡む「佐藤・ニクソン」密約説である。

発端は昭和四十四年十一月の佐藤・ニクソン会談であった。ここで両首脳は、沖縄の「核抜き本土並み」返還と日米繊維交渉の早期妥結を「密約」する。この密約は、当然のことながら私たち同行の報道陣には公開されなかった。それは、やむを得ない成り行きであったろう。

この間の事情をいま解明するには、すでに公刊された二つの著作に負うところが多い。一つは若泉敬著『他策ナカリシヲ信ゼムト欲ス』（文藝春秋）であり、一つは佐藤首相が克明に綴った『佐藤栄作日記』（朝日新聞社、伊藤隆監修）である。

若泉教授は沖縄返還をめぐる日米交渉において佐藤首相の密使の役割を果たし、米側の密使はキッシンジャー米大統領補佐官であった。

間もなく、この佐藤・ニクソン密約の噂は、東京の政界にも流れた。

「糸（繊維）を売って、縄（沖縄）を買った」

と囁かれたのである。

事実、大平通産相は「沖縄選挙」と言われた昭和四十四年の師走総選挙の直後、唐突に辞任している。辞任の理由に「大平はこの密約を聞いていたからだ」という見方も出ていた。

若泉・キッシンジャー会談では、確かにニクソン側からの強い「繊維問題解決」の要求があった。その米側要求を、佐藤は最後まで呑む姿勢を示さなかった。

しかしキッシンジャーは、強硬に繊維問題解決を求めた。それを了承すれば、日本側が切望する沖縄の「核抜き本土並み返還」に応じる構えさえ示したという。

お膳立ては「両密使」が整え、昭和四十四年秋に密約が成立した。

しかし翌年、佐藤にとって困った事態が起きた。

昭和四十五年夏、日本は「大阪万博」に沸いていた。このときに開かれた日米繊維交渉で大平の後任である宮沢通産相は、スタンズ米商務長官との会談で「佐藤・ニクソン密約」を考慮に入れない主張をして、交渉は決裂した。

密約である以上、佐藤は通産省の役人や国内繊維業界代表に、あからさまに譲歩を強要することはできなかった。

翌昭和四十六年春、日本繊維産業連盟は「対米自主規制」措置を発表したが、米国内の業界（米繊維協会）が「規制は実効がない」と猛反発した。

その後、二つの「ニクソン・ショック」が世界と日本を襲う。「頭越し対中国国交正常化」と「米ドルの金兌換停止、フロート移行」である。ニクソンとキッシンジャーが米国内外を睨み、ダイナミックな政治決断を下したのだ。佐藤のお家芸である「待ちの政治」などは、彼らには通用しなかった。

「事前に日本に話すと、ほかの国に伝わりかねない」

という理由で日本は見事に無視され、日米ホット・ラインは機能しなかった。

ニクソンとキッシンジャーは密約を実行しない佐藤首相に、結果的に報復したのであろう。

その頃私は、国会内で見た佐藤首相の表情に潜む戸惑いの「暗さ」と、それとは対照的な外面の「強気」に驚いた記憶がある。

田中はここで、窮地に立った佐藤のために、いや、本人の言い分では「お国のために」通産相就任を受けた。昭和四十六年夏のことであった。田中の八面六臂の活躍が間髪を容れずにはじまった。地中から溶岩が噴出するように、田中通産相のバイタリティーが溢れ出す。

昭和四十六年九月、米国東海岸のウィリアムスバーグで開かれた日米経済閣僚会議で、田中はコナリー米財務長官とやり合った。

コナリーが机を「ドン！」と叩いて譲歩を迫ると、田中はすかさず言い返した。

「貿易全体で見るなら、日本だって石油では大幅な赤字ではないかッ」

田中は大平がそうしたように、表立っては一歩も譲らなかった。当時、米国側から「ノートリアス・ミティ」（悪名高き通産省）とけなされた通産官僚たちは、田中のコワモテに感激したという。

しかし、そこで終わらないのが、田中が言う「本当の政治」であった。

帰国した田中は通産省の大臣秘書官であった小長啓一らに、こう打ち明ける。

「交渉の経過は諸君が一番よく知っている。だから君らの言うように米国側に主張してきた。だが、それだけでは問題は解決しないぞ。何をすれば事態が打開できるか、考えようじゃないか」

政治は、相手がいる以上は次善の選択も必要である。妥協もまた、政治懸案解決の要諦なのだ。

「政策立案は、原則論が大事だろう。しかし、わが国の業界の被害を最小限度にすること、そうすれば、わがほうの譲歩に向こうも乗ってくる」

田中はそう言って、通産事務当局に素案を作らせた。

ここで求められるのは、何よりもスピードであった。この年の九月二十六日の『佐藤栄作日記』には、こう記されている。

「六時過ぎ、田中通産相から来電。大屋君（＊大屋晋三、日本繊維産業連盟会長）によく話してあるから、十分承知しているという」

この来電の前に佐藤は、

「福田外相が『任せてくれ』と言ったが、彼に自信があったわけではない」

と呟いている。

佐藤は、このあたりで二年半におよぶ日米繊維交渉を決着しないと決裂することになるとあせっていた。日米交渉の「デッド・ライン」である十月十五日が迫っていた。交渉がこの日を越せば、ニクソンは「対敵通商法」を発動する構えだという。すでに余裕はなくなっていた。

「繊維交渉は、田中通産大臣に任すことにして打ち合わせを行なう」「なかなか業界も強いが、政府は独自の立場で決定するほか途はない」（『佐藤栄作日記』）。

田中の動きは素早く、相手に有無を言わせない迫力があった。田中が打ち出した「妥協案」は、政府として思い切った政策転換である。それは、

「繊維の対米輸出額を想定する。それをもとに政府間協定で規制を実施し、その結果、繊維業界がこうむるであろう『得るべかりし利益の喪失額』を算定する。政府は、その喪失額を補償する」

という破天荒なものであった。

政府補償には、資金がいる。補正予算に加えて、二千億円が必要となった。田中は大蔵省に根まわしすることを怠っていなかった。このあと、佐藤首相は、水田蔵相に協力を求める。前例なき「産業救済のための政府補償」に対する通産官僚の心配をよそに、構想は着々と進んだ。

のちに田中首相の秘書官となる小長は、

「政治が決断すれば、行政はついていく。これは、その見事な事例だった」

と田中の果敢な行動力を称讃している。いわば「決断と実行」が「檜舞台」で結実したのであった。

一方、ニクソン政権が日米交渉をまとめた結果、米国内の繊維業者は多額の政治献金を「ニクソン再選基金」に寄付したと言われる。その米国内の政治状況を予知した田中の「勘の冴え」が、その裏にあったことは疑いがない。

この件を「金権田中の常套手段」だと否定的に見ることは簡単であろう。だが、政権中枢、すなわち首相以下のキー・パーソンたちを自家薬籠中のものにした田中の抜群の交渉力なしには、この芸当は成立しなかった。

このあと、日米政府は合意したが、日本国内の繊維業界は反対を貫いた。田中通産相は、野党が国会に提出した不信任案に耐えた。「またしても泥をかぶった」という心境であったろう。

佐藤首相は翌昭和四十七年早々、サンクレメンテを訪れ「沖縄返還」の時期を決める。佐藤は恩師である吉田茂が夢見た戦後処理の一つ、沖縄返還実現を花道として引退することとなる。その背後では、自らを「越後の出稼ぎ」と認める田中が「官僚たち」を取り仕切り、汗をかいて働いていたのであった。

吉田、池田、佐藤の築いてきた高度経済成長と西側世界への一方的な傾斜と、その背後に流れる古き日本的なものへの回帰の路線は、七〇年代の深まりとともに本質的な再検討を迫られることになる。

政権の足音が聞こえはじめたこの頃、田中に対して「『歴史が私を必要とするときには、私はやる』と言うべきだ」とアドバイスした者がいた。田中はそれを「お国が私を必要とするときには、私はやる」と言い換えた。

その「お国」という言葉に、明治、大正、昭和と変転する現代の新しい響きを見出すこともできる。しかし、やはり「お国」という言葉の持つ響きよりも「歴史」という言葉の持つ広がりが好ましい。

「お国」という言葉の垂直的なつながりだけでなく、現代から未来へ向かう、庶民との水平のつながりをどう受け止めるかが、この政治家の課題となりつつあった。

コンピューター付きブルドーザー

政治家には一種の「天賦」の才が必要なのだと私は考えている。

もちろん、文字通りの生まれつきの「天賦の才」とともに、後天的に形成された「政治的才能」も大事である。そうは言っても、およそ政治家として成功する人たちは、さまざまな人生体験を政治家となる日のために後天的に集約し、整理して身につけてしまう「天賦の才」を持っているのではなかろうか。

私はこの型破りな田中角栄という「実力者」に派閥記者として接した。初対面、それは顔を合わせたのがはじめてというのではなく、新人の田中番として改めて紹介されたときの田中の目は、印象的であった。

田中の側近の一人は「田中の人を見る目は天才的だ」と私に説明した。確かに「人を見る目」であった。真正面から相手の目の中に割り込み、識別し、計量し、評価する気迫が感じられた。

その後、田中は佐藤首相の三選劇を演出し、二度目の自民党幹事長の要職についた。そして昭和四十四年春から夏にかけて、田中は異常な「大学立法国会」を乗り切った。幹事長としてはじめて采配を振った同年暮れの「師走総選挙」で自民党は三百議席の大台を突破した。

田中は、実力者の諸条件を具備しはじめていた。佐藤首相の直系であるという事情から「田中派」という派閥を公然と旗揚げすることはできなかったが、すでに田中という政治家の胸中には総理総裁への「青写真」が描かれはじめていたようだ。

コンピューター付きブルドーザーという異名を、当時、田中のもとで筆頭副幹事長を務めていた二階堂進が田中に奉った。このニックネームは言い得て妙で、その頃の田中の八面六臂の活躍にふさわしかった。

ようやくその頃から「角福対立」とか「角福戦争」という表現で、福田とのライバル関係が取沙汰されはじめた。昭和四十六年の参院選挙の「伸び悩み」の責任をとって幹事長を辞して、通産相に田中は転じた。この三年ほどの短期間に、政界では田中が佐藤の引退後の総裁選で一、二を争う「実力者」に定着したことを疑う者はいなくなった。

マスコミは政治家の行動を、その過程ではなくて結果において問題にする。田中とてその例外に置かれたわけではない。田中は、かつて郵政相時代に浪花節大臣というありがたくない称号を得た。ＮＨＫで浪曲をうなったからである。蔵相に就任の当初は「土建屋あがりの大臣とは――」という声が省内にあった。田中はそのたびに「実力」でそういう、いわば俗っぽいイメージを打ち破ってきた。

田中にはポスト佐藤の「本命」か「対抗」という期待が寄せられていた。それは、田中という天賦の才に恵まれた政治家が政界内に築き上げた実像である。総裁選の有権者の票という具体的な数値が、ある程度までは正確に読み切ることが可能となりつつあった。同時に、極めて皮肉なことだと思われるが、政治家としての田中角栄の真実は、実力者というイメージの中に急速に拡散して、人々の目から離れていった。田中の持つ長所や短所がマスコミの先入観によって着色され、国民の中に再生産されようとしていたのである。

たとえば、田中角栄という人物のずば抜けた政治的才能を否定する者はすでにいない。しかし、その政治的才能を、政界人を含めて国民大衆がどう理解しているかというと、決して回答は一様ではなかろう。

昭和四十七年は、佐藤内閣という自民党の歴史で「最長不倒距離」を誇った政権が交代する年である。

その前年暮れのある日、佐藤首相の意を受けた側近が田中を訪ねた。そのとき田中は、

「首相が引退する日までは、私は佐藤内閣のために全力を尽くす。佐藤内閣が退いたのちには、私は自分でやりたいようにするつもりだ」

こうはっきりと心境を伝えた。

一方佐藤は、新年早々の記者会見で、

「後継者争いと言っても、君子の争いならいいだろう」

と言った。さらにその後、

「自民党の党則には、前総裁の指名で次期総裁を選ぶとは書いていない。公選が原則だ」

という趣旨のことを記者団の問いに答えて明言した。

この言いまわしが「佐藤からの政権禅譲」に希望を託している福田派にとって不満であったことは明らかである。

昭和四十七年の政局はこうして佐藤以後をめぐる後継者争いの中に、幕を開けたのであった。

サンクレメンテの珍事

昭和四十七年一月の日米サンクレメンテ首脳会談は、実質に乏しい空虚な政治会談となった。佐藤首相はニクソン米大統領に苦衷を訴えた。

「昨年のニクソン訪中のやり方は、日米の伝統的な友好関係から見て必ずしも釈然としない……」

文字通り頭越しの米中接触は、佐藤を昭和四十六年後半、苦境に追い込んだ。ニクソン訪中が発表された時点で、昭和四十六年秋の国連総会の中華人民共和国復帰の勝負はついたと言ってよい。

おかげで佐藤はバスに乗り遅れた。遅れただけではない。佐藤は国府（台湾）への義理を果たさねばならなかった。蔣介石の腹心、張群総統府秘書長は「国府を見捨てないように」と佐藤に泣訴していた。日華（日台）条約を締結した故吉田茂元首相を政界の恩師として仰ぎ、いわゆる台湾ロビーの総帥岸信介元首相を実兄とする佐藤は、彼なりの「信義」を守らねばならない宿命を負っていた。

いかに佐藤が「逆重要事項決議案」による国府支持に全力を傾けたかは、振り返るまでもない。その世界の潮流に逆らった努力が水泡に帰したのち、佐藤がニクソンを詰問しても、すでに覆水は盆に返らないのである。

ニクソンとその智恵袋キッシンジャー補佐官は、ニクソンの北京乗り込みを決意したとき、その後に予測される日本からのリアクション（反動）も読み切ったはずである。その限りでは、ニクソンの英、仏、独、カナダ各首脳との会談と同様に日米会談も儀式であった。傷ついた東洋人の面子《めんつ》はいたわらなくてはならない。

沖縄返還の期日は、日本が四月一日を主張し、米側が七月一日を唱えていた。ともに新会計年度のスタートする日である。この対立を調整するために総理大臣と大統領が、とくに佐藤は太平洋をはるばる横断して会談せねばならないのだろうか。

日米の通商戦争の原因となった日米繊維交渉は昭和四十六年中に決着がついていた。米国の不況とドル危機を救うための「通貨大戦争」も十二月のワシントン十カ国蔵相会議で、一ドル三百八円の大幅円切り上げを日本が呑まされて一応の終末を告げた。

ニクソンになぐり飛ばされ、締め上げられた佐藤は気息えんえんだった。ニクソンが「平和の館」と呼ぶサンクレメンテの西部ホワイトハウスでニクソンとロジャース国務長官は、「心温かく」佐藤と福田外相らをもてなした。

特派員たちは書いた。

「今後、日米両国がお互いに独走を慎み、これまでの友好的な協調関係を維持し、さらに緊密化することを両首脳は確認した」

しかし、言葉を飾っても、日米関係に吹き込んだ隙間風は防ぎ切れない。日米のトップリーダーがいかに外交的微笑を取り繕っても、この会談そのものが持つ空々しい雰囲気を消し去ることはできなかった。

そのような会談の中で一つだけ、予想外の出来事が展開した。トップ会談と並行して行なわれた閣僚会談のうち、田中通産相とスタンズ商務長官の個別会談で、田中は「日米通商戦争」の一年間休戦を提案したのである。

切れ者のスタンズに有無を言わさず押し切った田中の強引な説得力に、米側は驚いた。「早撃ちコナリー」の異名をとるニクソンの片腕コナリー財務長官が巻き返す隙もないほどの、田中の機敏な動きだった。儀式化したサンクレメンテ会談は、本筋ではいささかも流れを変えはしなかったが、この「反撃」以後、米側の田中を見る目が微妙に違ってきた。

七日の第二回佐藤・ニクソン会談で、沖縄返還日は五月十五日に決定した。ニクソンは昼食会に佐藤をはじめ福田、田中らを呼んだ。その席で、異変が起こった。それは、少なくとも同行取材にあたった日本人記者団、とくに東京本社から派遣されてきた政治部記者の目には、劇的なものとさえ思えた。

昼食会に日本側首脳を招き入れたニクソンは上機嫌だった。そんな中、とくに私たちの目を奪ったのは、ニクソンが田中の肩を叩きながら抱きかかえんばかりにテーブルに案内する様子だった。

会議場から昼食会の席へ、ニクソンはゴルフカートを自分で運転し、佐藤と田中の二人をそのカートに乗せた。福田はあとから歩いて追ったのだった。田中の英語はほとんど独学で、簡単な単語の羅列程度はできても、早口の英語を理解したり、機知に溢れたジョークを飛ばすというような芸当はできない。その田中に、ニクソンは親しげに話しかけながら会場に入ったのである。

次の瞬間、両国の外交官と随員たち、とくに日本の外務省関係者が当惑する事態が起こった。ニクソンは自分の隣りの席に田中を座らせてしまったのだ。このニクソンの席順無視で、福田は別のテーブルに座らざるを得なくなった。

かつて封建大名たちが将軍の前で格式、序列を競ったほど時代がかってはいないが、日米首脳の昼食会ともなると、前もって席順は極度に厳格にしつらえてある。中でも外務官僚は「福田大臣」をニクソンと並ばせることに気を使った。単なる外交儀礼、プロトコルの問題だけではない。沖縄返還を花道にして引退すると予想される佐藤の「プリンス」と呼ばれた福田を、その国内政局における地位にふさわしいようニクソンに印象づけねばならない。事実、前年の昭和四十六年九月、米側が角福を招いたワシントンでの日米貿易経済合同委員会の際には、ニクソン・福田会談が演出された。この合同委員会の際も皮肉なジャーナリズムは「ポスト佐藤の角福の品定めのために米側が角福の訪米を実現させた」と書いた。

「角さんがいくら持ち前の大声と早口でまくし立てても、ニクソンと会談できたのは福田だけだ。福田派は、勝負はあったと見ている」

などという東京の政界の憶測と思惑が、当時の新聞紙面をにぎわしていた。

角福——田中角栄と福田赳夫という、佐藤政権を支える二本の柱が、そのまま佐藤以後の政権ポストを狙っている。この公然たる派閥抗争は、そのままこのサンクレメンテにも持ち込まれた。米側も、十二分に佐藤政権のお家の事情を知り尽くしていたはずである。それなのに、ニクソンは田中をあえて自分のテーブルに招いた。

他意はない、偶然だという見方もできる。福田にも相応のサービスを演出すべきだが、多忙な米大統領がそれほど日本の隠微な政治に細かい心遣いをする余裕はなかったとも受け取られる。

さらには、懸案の日米繊維交渉をまとめ上げ、フランクで自ら「明朗闊達」を信条としている田中の人となりにヤンキー気質がピッタリ合っただけ、とも言えるだろう。

しかし、この「サンクレメンテの珍事」は、そんな勘ぐりを入れるほどの意味があるかどうかは別にして、田中がニクソンに「オレのそばに座れよ」と破顔一笑させるなにものかを印象づけたことは間違いない。俗に言えば「話せる男だ」という感じを、ニクソンは田中に対して持ったのではなかろうか。

話せる男——という表現はあいまいだが、ニクソンとキッシンジャーのコンビはベトナム戦争を収拾する道を追求して、毛沢東、周恩来という中国を代表する人間臭い権力の中枢との接触に行き着いた。力とバランスの外交も、その目的を達成するためには、権力を握る人間を理解するところから出発しなくてはならない。相手として対決するに足る力と条件を備えた男、あるいは味方として協調するに足る「頼りがい」のある政治家を、お互いの本能が感じ合うこと――これが「話せる男」という感情の中に含まれていると私は考える。

以後、自民党総裁の椅子を狙う実力者たちの多数派工作は、自民党という閉ざされた社会の中で日夜生々しく、ますます即物的に繰り広げられていく。

第八章　田中角栄の時代

青年首相の試練

田中角栄は、昭和四十七年七月六日に国会で内閣総理大臣に指名された。田中にとっては、派閥抗争の末に戦い取った政権である。

このとき田中は五十四歳。当時としては、戦後政治史上、最も若い総理大臣の誕生であった。この時代、日本の内外ともに厳しい対立と闘争が渦巻いていた。激動の「角栄時代」の幕が、この日から文字通り開幕したのであった。

当時、私は毎日新聞社の政治部に所属する現役の新聞記者であった。田中政権の誕生に至る政争を取材の第一線で、「仕事」として見聞していた。すべてが貴重な体験であった。七月五日の自民党総裁選挙でも、政治部取材陣の一員として取材した。

その大会の直前に、私が前年から取材の合間にまとめていた原稿が『人間田中角栄』としてダイヤモンド社より出版された。

総裁選のしばらく前に編集者が記者クラブに来訪し、田中番記者であった私に、執筆を依頼してきた。編集者は「政治家」田中角栄をジャーナリスティックに、タイミングよく取り上げたいと言った。

しかし、私には制約があった。自分の意見を公刊することには、全国紙の政治部記者であることゆえの制約が存在するのである。

新聞社は戦後、原則的にすべての報道に際して「政治的、思想的な中立性」を持つことを求められている。平たく言えば、行司は公平であるべきなのだ。読者に代わって、利害が錯綜する政治的事件を取材し報道するのだから、最初から一方の力士の肩を持つものの見方は当然、厳しく排除されるべきであろう。

この政治的中立性には、戦後の米軍占領下にあった「プレス・コード」（新聞倫理綱領）の影響があるようだ。

憲法では言論・出版の自由は保障されている。一方、新聞が政治的に「無色透明」を保つことは法的に決めてはいない。しかし、いわゆる全国紙をはじめ主要な新聞社は多数の読者を持っているので当然、一方に偏する政治色、政党性は薄くなる。政党機関紙ではないのだから、一般的にはこの傾向が間違っているとは言えないだろう。

その新聞界の空気では、特定の政治家を応援することは、選挙運動に限らずできない。だから個人的な著作であっても、一人の政治家に焦点を当てることは、微妙な作業となる。毀誉褒貶に事欠かず、政治的な評価が分かれる田中角栄の「伝記」を執筆することは、現役の記者にとっては一種の禁じ手であった。その禁を犯す線とスレスレの限界領域が「観察者の報告」だった。『人間田中角栄』執筆の裏には、いま思うと硬派の取材記者としては「冒険飛行」の趣きがあった。

毎日新聞社には内規があり、編集局の記者が書物を書くときには上司の了解を得る必要がある。したがって私は、初出本のゲラを当時の政治部長に手渡して、内容の吟味を受けた。

政治部長は「消極的許可」を与えてくれた。政治部長は言外にではあったが、できることならやめなさい、という意向を示しているようであった。

結局は出版することになったものの、そうするには個人的な「ハラのくくり方」が必要となった。つまり、これで追い出されても文句は言えない、ということである。

当時、社内的な問題だけではなく、かなりいろいろな方面に遠慮しながら筆を進めた記憶がある。この、やや中途半端な私の気持ちは、のちにわかったことだが、意外な人にまず受け入れられていた。この頃、総裁候補の田中に同行していたある政治部記者が私に打ち明けてくれたのだが、驚いたことに、当の田中角栄が一番よく、私の立場を理解してくれていたのである。

この記者S氏は、取材の仲間だけにとどまらず、私のよきゴルフ仲間であった。S記者が田中と懇談していたとき、話題が私の著書におよんだ。田中は、こう言ったそうである。

「あれは読んでみたが、なかなかよく書けているよ。馬弓君は一歩下がって政界を見ているようで、姿勢が公平だな。物事を変に決めつけて書いていないあたりがよい。もっとも、私が関わる政治問題では、いくつか訂正したいところもあるが……」

そこでS記者は、私に伝えるために、

「その訂正したいところはどこか？」

と田中に聞いた。すると、

「まあ、それはいい。私がどうこう言うことではないだろう。それよりも、あの本の文章を読むと、どこか古都の史跡を一緒に歩いているような気がする。白雲が去来して、そう……行雲流水の感がある。確か、彼の故郷は奈良のあたりだと聞いたような気がするな」

田中はそう洩らしたという。

これを聞いて、私はいささかビックリした。

このときから数年前のことである。上越線の特急の車中で「箱乗り取材」をした私は、その席で田中に「わが故郷」の話をした覚えがある。自民党担当としてはまだ日の浅かった私は、過去の政界の出来事を田中からひたすらに教えてもらおうと必死であった。その取材のきっかけに、車窓を過ぎゆく雪国越後のことや、わが家の先祖の話をしたのだった。

田中の記憶力は抜群だ、という評判は嘘ではなかった。そして、私が政治部記者としては「逃げ」を打って、その限りでは筋を通したことを、田中はいかにも彼らしい表現で認めたと思われる。

断わっておくが、私は、知り得たことを全部その本に書き込んだのではない。この以前から、政界で囁かれているいろいろな噂、田中に関する毀誉褒貶は聞いていた。その陰の部分に照明を当て、記述することはいわゆる派閥担当記者としては、難しい。持ち場が自民党記者クラブからほかの記者クラブに移っていても、政変取材となれば自民党、内閣記者会の取材を応援しなければならない。

端的に言うと、派閥のボスや自民党の暗部を公然と批判した記者は、それらの人々から「村八分」の目に遭うだろう。

一例をあげれば、昭和四十七年春に、私は野党クラブの仕事をしていたのだが、自民党総裁選が過熱すると平河クラブ（自民党担当）の取材を手伝った。それも、田中派の派閥取材の応援であった。

派閥取材記者と派閥の「親分」との緊張関係は、微妙なのだ。言論取材の自由は、確かに保障されている。しかし、政争派閥取材で論調が敵方に傾いたと見られる人物に、味方の秘密を明らかにするお人好しはいない。

新聞記者はここでジレンマ（二律背反）に直面する。政争の現実に目を閉じて派閥記者の制約に甘んじるのか、あるいは、一本の鉛筆を味方に、海なす不正と戦って「破邪顕正《はじやけんしよう》」の孤高の道を歩むのか。

もちろん、その両極端ではなくて、中間的な立場で取材することもできる。たいていの政治部記者は、この中間派であろう。しかし、その場合でも派閥記者にはタブーが存在する。記者が派閥の親分のスキャンダルをもっぱら暴いたならば、その派閥からは間違いなく締め出されるだろう。

こう言うと、

「ならば、事実を報道できない派閥取材などはやめてしまえ」

という反論が必ず出る。

威勢はいいが、これは困ったことになる。

自民党政治が派閥によって動かされていることは、少なくとも周知の事実であった。派閥政治が横行するのであるならば、派閥の動向こそは日本の政治の近未来を占う。その派閥情報分析は、政局を報道する政治部にとって欠かすことができない。

政局報道の精確《せいかく》さを保つためには、いわゆる「リーク」（意図的に情報を漏らす）を含めて、常に情報源に密着する必要があった。そこには、綺麗事が通用しない政界取材の現実が存在していた。

田中角栄は正直である。

「あれはいい。まあ、一歩下がって見ている」

と言ったことは、私が派閥政治家取材の枠の中で、なんとか切り抜けられる範囲内で筆を進めたことを意味している。

ありていに言えば、政治家が嫌がることを書かず、したがって世間に批判される「田中金権政治」への言及を封印したことを、理解したということだ。つまりこれは彼にとっては「都合がいい」と解釈していたともとれる。

彼の内面には、政界の最高権力をうかがう実力者としての強引さと、雪深い越後の出稼ぎ人の人情味が同居していた。田中の人柄は、浪花節的な義理と人情の世界だけではない。田中は、まさに裸一貫から政界の最高峰に登り詰めた。

これを見たマスコミや人々は、その人なりのバイアス（偏見）で、虚像である「今太閤」のイメージを創り上げる。それが、のちには「巨悪の田中」という決めつけ方に容易に転化する。だが、政治家田中角栄は物事を「数量的に客観視」して判断し、実行可能と見れば真っ直ぐに突進する異能の持ち主であった。田中が総理総裁になる以前の自民党幹事長、蔵相、通産相時代の実績は顕著で、戦後政治史上の驚異であると言ってよい。

その田中の政治行動は、戦後の吉田、池田、佐藤と続いた保守本流政治の一翼をになうものであった。それらの歴代首相の政権運営に、田中の人並み外れた政治力が上手く利用されたとも言える。

戦後経済復興と高度成長期に必要とされた政策の実現こそが、司馬遼太郎流に言うと、田中角栄にとって「坂の上の雲」であった。それは、雪国新潟の選挙区で「越山会」の人たちが田中と「持ちつ持たれつ」のつながりを必要としたことでわかる。

当時、本人は口ぐせのように「議員立法三十三本を成立させた」ことを自慢していた。道路、住宅、防災、水防などの公共投資関連法案を、議員立法の中心となってものにしているのだ。その経験は「都市政策大綱」として結実し、それがもととなって総裁選の公約「日本列島改造論」が誕生した。

のちにロッキード事件後のマスコミはこれらの実績をすべて十把《じっぱ》一絡《ひとから》げにして「田中流の利権政治」と決めつけた。新聞もテレビも世論寄りの情念に流されるのが常とはいえ、この「レッテル貼り」は大衆迎合的な偏見である。これらの議員立法がなかった場合を仮定しただけで、昭和五十年代までの日本経済の高度成長は不可能であることに誰でも気がつくはずである。

田中の政治手法は、確かに自らの選挙区の利益重視であった。しかし、それはわが国や欧米を問わず、すべての政治家が選挙民から突きつけられる請求書でもある。そこで政治家が利権を漁《あさ》ることは、民主主義の禁じ手であるが、一方で、地元選挙区民の利害を代表することもまた、代議士制が是とされる理由の一つであろう。

報道する側の批判に制約はないとはいえ、そこに論理の節度がなければ、罵詈雑言と選ぶところがなくなる。

田中政権嵐の門出

「青年社長田中（首相）を三木、大平、中曽根、椎名、船田、水田の各氏が支える集団指導制、コングロマリット型の経営になるだろう」

昭和四十七年七月、田中新政権の発足にあたって、私は毎日新聞紙上にそう書いた。田中新総裁が誕生するとき、前記の三木、大平、中曽根の三実力者らが約束を守り、決選投票時に田中陣営に投じたからである。

しかし、「同時に自民党内は激動期に入るだろう」とも書いた。決選投票で百九十票を獲得した福田陣営が、はっきりした反主流の立場に置かれたからである。

予想した通り七月七日、新政権の発足は宿敵福田赳夫の反発で大いに混乱した。首班指名直後の内閣改造で福田派は、新内閣に閣僚を出すことを拒否したのだ。

この混乱には、しかるべき背景があった。いかにも日本的な、情緒的な権力意志と怨念の世界が政争の裏側に潜んでいたのである。

というのは、田中の勝利は、一種の革新である。戦後政治史で、田中は最も若い首相であった。一介の土建屋から身を起こした田中は、結局は秩序と伝統を重んじる旧体制の象徴、佐藤・福田連合に反逆し、多数派工作を重ねた。そしてマスコミがはやし立てたように、政界の今太閤に成り上がったのである。

沖縄返還で男をあげた佐藤前首相は、実兄岸信介の弟子である福田を後継者に擬していた。福田も、佐藤から次の政権の座を禅譲されることを期待していた。内外で佐藤後の最有力候補として「福田本命説」が常識となっていたのである。

それが、日中国交正常化などでスクラムを組んだ田中と前記の三実力者らの連合軍のために、総裁選で敗北の憂き目を見たのだ。

別の見方をすれば、戦前・戦中以来の政界秩序を、戦後派政治家たちが寄ってたかってひっくり返したのである。

自民党内の「タカ派」であり、官僚時代が長かった佐藤・福田には、良くも悪しくも戦前・

戦中の政治体臭がそこはかとなく臭う。佐藤の実兄岸信介元首相が「六〇年安保」を強行した自民党内右派の領袖であり、戦時中には東条内閣の一閣僚であったことも否定できない。

米中接近以来、対日姿勢が注目される中国政府は、国府の国連議席擁護に動いた佐藤・福田ラインを警戒の目で見てもいた。

それに対して田中、大平、中曽根と国民協同党の三木には、戦後派のレッテルはむしろ自然だ。年齢と政界秩序の大先輩である福田が、若い戦後派政治家らに煮え湯を飲まされたと言えよう。その福田の怨念は、総裁選直後の新総裁田中の不用意な対応で、一気に暴発してしまうこととなる。

総裁選後、平河クラブとの初記者会見で田中は記者団から、

「総理は百九十票の支持勢力がある福田さんをどう処遇するつもりなのか?」

と聞かれた。

間髪を容れずに田中は、

「まったく一視同仁で、公平に遇する」

と言った。

しかし、その雰囲気は相手候補の健闘をたたえるような口調ではない。

質問は続く。

「四派連合で総裁に選ばれたが、それは今後の内閣、党運営に支障とならないか?」

いわゆる福田番記者を中心に「大きなしこりが残るのではないか」という思いは強い。さらに田中の総裁選出馬を「佐藤・福田を裏切った反乱だ」と見る記者もいた。この質問は、当然出ると予想された。

「溝が生じたとするならば、埋めるために全力をあげる」

田中は、一応はそう答えた。総理総裁としては、当然の答えであろう。

一方、福田はこの日、赤坂の自派事務所で記者会見し、節度のある言い方をした。

「自民党の統一と団結がいま、一番求められていると思う」

だがその後の出来事が、福田の怒りを増幅する。

その日の午後、敗者福田は勝者田中が自分の事務所を訪れると思い、待っていた。日本の権力者を決める自民党総裁選は君子の争いであり、日本伝統の侍の精神に基づき美学をわきまえて行なわれるはずである。ならば新総裁は年齢的にも上の福田に「善戦をたたえて、新内閣に協力を要請する」べきである。

しかし、新総裁田中はこの日、福田事務所を訪問しなかった。

福田が本当に侍精神の持ち主かどうかは、ここでは問うまい。その本心を忖度《そんたく》するならば、成り上がり者め、いやしくも保守本流のオレに対して無礼であろう、というところであったかもしれない。

問題は、田中がそう言われる口実を相手に与えたことにあった。少なくとも勝者は敗者の面子を重んじる余裕を持つべきだ、という気配りが田中側になかったのだ。それが単なる言いがかりであっても、敵に反撃の大義名分を与えるのはまずい。

これには、じつは伏線があった。

総裁選に先立って引退を発表した佐藤栄作は福田に対して「必勝を期してくれ」と激励した。一方の田中に対しては「総裁選は君子の争い」で行こうと求めた。

このあと総裁選の最中に佐藤は福田と田中を呼び、こう申し渡した。

「君ら二人のうち、どっちかが一位になったら、二位になったほうが一位に全面協力する。ここで約束しよう」

かなり露骨な佐藤調停であったが、この時点では福田の善戦が伝えられ、田中が一位になるとは予想されていなかった。

この佐藤調停に福田は異存なく、田中も了承した。

だから、佐藤・福田陣営にとって、総裁選で田中が三木、大平、中曽根を抱き込んだことは、「君子の争い」の約束を踏みにじる、予想外の事態だったのである。

佐藤はふたたび福田と田中を呼び、席上で田中に対して、

「おかしいではないか！」

と強く非難した。

田中は「そもそも選挙は常に予断を許さない事態が起こるものだ」と切り返し、佐藤・岸兄

弟の過去の選挙まで持ち出して反論したという。

この一件の経緯で、福田の無念さがわかる。だから田中新総裁の「無礼」に対して、一気に爆発してしまったのである。

福田は同派（紀尾井会）の入閣を拒否し、その理由として、

「（入閣名簿では）私を支持した友軍（園田派、周山会）に何の配慮もない。田中首相の善意は疑わないが、紀尾井会だけが入閣するわけにはいかない」

と記者会見する。

この結果、新内閣の宮中での認証式は、田中首相が福田派の閣僚ポストを兼任する形で行なわれた。田中政権は、前途多難の船出であった。

しかし、政権発足直後の田中内閣支持率は、各新聞社とも軒並み六十パーセントの大台を超えた。

この国民的な人気と裏腹に、自民党内では主流・反主流のきしみが聞こえはじめていた。

日中国交正常化

日中国交正常化は、田中内閣の最初の外交・内政両面の試練であり、皮肉にもこれが政権の唯一の「功績」となった。日中国交正常化は、吉田茂以来の歴代自民党内閣外交路線を大きく

方向転換、修正することを意味した。

その路線転換は、中国を取り巻く国際情勢の推移によるものであった。

すでに佐藤前内閣の末期以来、米国は対中国封じ込め政策を捨て去り、ニクソン訪中で対中国路線を転換していた。日本国内だけでなく、世界の大勢が「中国承認」へと雪崩を打っていた。

そして中国は、米中接触後には、親中国派や野党であった公明党の訪中団などに日中国交正常化交渉開始への外交的サインを送りはじめていたのである。

この構図は、戦前の日独伊三国同盟当時に似ている。

その時代、松岡外相の下で「枢軸派」が霞ヶ関の天下をとり、「英米派」が疎外された。親独の陸軍を主として、国内世論も昭和十六年春には日独伊枢軸派が優勢だった。

この頃のスウェーデン公使館付き武官であった小野寺陸軍大佐は、独自の情報網を持ち、ベルリンで開かれた駐欧武官会議の席上で、

「独軍の英本土上陸作戦は難しい。独軍は矛先をソ連に向けるらしい」

と発言した。

貴重な情報であったが、これは親独派武官たちの猛反発を買った。

駐欧武官たちが反発しただけではなかった。駐独大使館書記官の牛場信彦（戦後、駐米大使）はその後、ストックホルムを訪れ、

「あまりドイツの悪口を言わないほうがよろしいですよ」

と小野寺大佐に忠告までしたという。

牛場書記官は善意で言ったのかもしれないが、このエピソードはかえって大島駐独大使ら枢軸派支配の現場の空気を物語る。

小野寺大佐と牛場書記官のどちらが正しかったのかは、言うまでもない。ドイツは間もなくソ連に侵攻し、英本土上陸作戦が見送られたことは周知の通りだ。いまも昔も、わが国の外交官は見通しが甘いだけでなく、目の前にいる相手の顔色だけを見て物事を判断するきらいがあるようだ。その場の「大勢」には異を唱えずに、順応しがちなのである。

厳正さに欠ける状況判断は、かつての枢軸派の首脳だけではない。もともと外務省には、次のようなジョークがあった。

「わが外務省最大の悪夢は、一夜明けたら米国が中国と国交を回復していて、米大統領がわが首相にそう電話してくることですよ」

決してそうはならないという確信があるから、外交官は笑って言っていたのである。

だが、その霞ヶ関の悪夢は、現実化した。キッシンジャー訪中で「親米感」が崩れたあとのわが外務省は一転して、ニクソン外交不信に陥っていった。

元来、外務省首脳の「空気」は対北京外交に対して慎重一色であった。昭和四十六年から翌四十七年初頭、主立った外務省首脳は、急速な日中国交回復には反対してきた。

「内外ともに時期尚早、懸案解決の条件が整っていない。国府との間に日華条約が存在することは、国際信義上無視できない」

と当時の佐藤首相や福田外相らに告げていたようだ。

また、私の取材経験で恐縮であるが、この頃の中国は「妖怪」のような国でもあった。

昭和四十六年七月、私は毎日新聞社の「中国問題企画班」の一員だった。私は台北に飛び、米中、日中の「ホット・コーナー」である国府の対応を探っていた。

国民政府の外交部門、国民党の幹部は、私の取材申し込みに、どこかよそよそしかった。無理もない。このとき、まさにキッシンジャー米大統領補佐官は、北京で周恩来首相と「米中接触」の最中だったのだ。国府外交部長や国民党幹部とのアポイントがとれないまま、私は元国府高官に非公式に会い、国府の情勢判断を聞いた。元高官は漢籍を引いて、混迷する中国の現状を描き出してくれた。

別れ際に彼は言った。

「中国を見るときにはいつも判断に留保をつけなさい。そう、大きなXと言うべきか、予想外の要素が存在する国なのです」

彼は米中接触を知っていたのであろうか。確かに当時の中国は謎に包まれていた。

全世界を驚かせた「周・キッシンジャー会談」が報じられたのは、私が台北から香港に飛んだ日の午後であった。

ニクソンとキッシンジャーのしたたかな権謀外交に翻弄された日本の佐藤政権は、屈辱をなめた。福田外相や保利官房長官は、この袋小路の対中外交を打開しようと、北京筋へ向けていくつかの働きかけをした。

しかし、福田外相が口をへの字に結んで「アヒルの水掻き」外交をほのめかしても、肝心の中国は冷たかった。周首相の判断では、福田は「国府との関係を断ち切れない政治家」というところだったのだろう。

まさしく佐藤・福田の対中国外交は、水面下の足掻きに終わった。

日本の外務省は昭和四十七年に入っても、前年の周・キッシンジャー「密会」による「頭越し米中国交正常化」で、文字通りに頭を抱えていた。その背景には、当時、中ソ抗争が深刻化しており、人民解放軍の装備が憂慮すべきほどに陳腐化していたこともある。そして中国政権内部には、毛沢東後をめぐる政争「林彪クーデター事件」の処理が秘められていた。

しかし、このような情報を耳にしながらも、田中は慎重であった。田中政権の初仕事となった対中国外交を進めるにあたっては、国内に強い反対勢力がいた。悪いことに、田中と対立する自民党内の佐藤・福田グループは、日中国交正常化の必然性は否定しないものの、言うなれば「国府派」である。しかも国府支持論は自民党の中間派である椎名、船田派などにも根強い。

その保守勢力は当然、日米安保条約路線の堅持を「対中復交」よりも優先している。

これらの有力な反対派を敵にまわしては、発足直後の政権が持たない。ここで一歩を踏み出すかどうかが、政治家田中角栄の正念場となる。

ところが、日中国交正常化の動きは、裏面で中国側からの積極的な働きかけがあって急速化する。

当時、両政府間には国交がなかったため、その橋渡し役には、北京を訪問した公明党の幹部がなった。昭和四十七年五月、公明党の第二次訪中団の二宮文造副委員長は、北京の人民大会堂で周恩来首相と正式会談を持った。そこで周首相は、夏の自民党大会の予想を二宮に問うた。公明党側は、角福の争いは「田中に軍配があがるだろう」と詳しく自民党内の情勢を伝えたという。その背景に、野党・公明党の竹入委員長と田中が「公明党言論介入事件」以来、親密な関係で結ばれているという永田町事情があった。

驚くべきことに周恩来はその席で、まだ総裁候補の立場にある田中あてに伝言を託した。周は慎重に、帰国後、田中・二宮会談が可能かどうかを聞いたあと、こう言った。

「田中さんだけに伝言してください。できれば竹入さんも同席して……」

息を呑む二宮に、周は続けて言った。

「田中さんが首相になり、本当に日中国交回復を望んでおられるなら、われわれ中国人民、政府も軍隊も、北京の空港を開けてお待ちします。私が招待側の主人役を務めます」

周はなんと「田中訪中」の要請をしたのである。

しかも、自民党総裁選の前に、である。

二宮団長が帰国した五月下旬、東京・赤坂の料亭で田中・竹入・二宮会談があり、周の意向は伝わった。しかし、この席上では田中は、周の「正常化」訪中要請を聞くだけで、「訪中」に関しては踏み込んだことを言わなかったという。

総裁選で田中・大平連合が勝つ見込みがあるのであれば、この問題にはなおさらに熟慮が必要であった。しかも、日米安保と米台軍事条約という同盟関係も背後にある。

世上噂された「わかったの角さん」は、どうやら沈黙の価値と静かな外交の世界を、よく理解していたようである。

しかし、田中新内閣が成立した直後から、中国側の働きかけは一段と積極化する。

命懸けの外交

中国は、なりふり構わずに竹入公明党委員長の訪中を求めた。

竹入は、悩んだようである。

その理由は二つある。

第一に、肝心の田中、そして大平が「訪中決断による正常化」に踏み切るのか、日本側の正常化条件はどうなのかがわからない。田中と大平が事前に竹入に腹を打ち明けなかったからだ。

それは、第二の疑問につながる。

田中新首相は七月七日の初閣議後に、

「中華人民共和国との国交正常化を急ぎ……」

という談話を出した。

すかさず周は七月九日、イエメン訪中団歓迎宴で、

「田中内閣の声明は歓迎に値する」

と応じている。

公式な政府間接触がはじまれば、すでに野党外交の出番はなくなる。竹入は田中、大平と会い「正常化の日本政府案」を聞き出そうとするが、田中は沈黙を続け、大平はあいまいな態度に終始し、目的を果たせない。

しかし竹入は田中と大平の「お墨付き」がないまま訪中を決断し、正常化交渉の進展に大きな役割をになうことになる。

ここで、日中国交正常化交渉そのものとは別に、田中の決断に至る「微妙なやりとり」を省くわけにはいかないであろう。

七月二十七日に訪中した竹入は周との会談で、次のような発言を聞いた。

「竹入さん、あなたは花にたとえると桜の花。桜には『ぼんぼり』がいる。私がその『ぼんぼり』を点けてあげましょう」

周が掲げた「ぼんぼり」は、竹入の顔とともに、日中交渉の核心を明るく照らし出した。周はそこで、中国側の「日中国交正常化基本案」を竹入に示したのだ。

だが、その文書を中国側は、竹入に渡してくれない。竹入は、正確を期すためにメモをとった。これがいわゆる「竹入メモ」である。

帰国して田中、大平と会った竹入は、メモを田中に手渡す。

それを見た大平外相は、

「竹入さん、これをもらっていいですか？」

と言うなりメモを持って外務省に取って返したという。

後日、私はこのメモの内容を見せてもらった。竹入メモには「中国基本姿勢」の文言が並んでいた。最後のほうには、必ずしも秘密条項とは言えないが、台湾との関係処理、日本の在台権益保全に関する項目もあった。

竹入はやりとりの中で、日本は米国と安保条約を結んでいるので日中国交正常化の前に米国に了解をとる必要がある、との趣旨を伝えた。

これに対する周の応答は面白い。

「日本が米政府と事前に相談されるのは当然でしょう。もし、米国との話し合いが上手くいかなかったら、私がキッシンジャー氏に電話してあげます」

これは上手い、と思わず感心する。

周は、千両役者である。この言いまわしはまことに巧妙な政治的発言である。

田中が首相引退後に、

「世界の政治家で最も優れた人物は、周総理だ」

と昔馴染みの記者との懇談の席で「べた褒め」していたことを思い起こす。

じつは田中・竹入会談は、首相官邸で竹入メモを手渡した翌日も、秘かに都内のホテルで続いた。竹入はその席で、訪中団が記録した三日間におよんだ周・竹入会談の詳細な議事録を示した。

竹入は余分な言葉を発しないで周・竹入会談の記録を田中の目の前に置いた。

結果的にはこれが、周首相の真意を余すところなく日本側に伝えることとなる。

「おう、竹入君。この文書に間違いはないか。周恩来は大した男だな！」

すべてを読み終えた田中は、そう感嘆して見せた。

竹入がすかさず、

「訪中するのか？」

と聞くと、

「よし、行こう」

と言い切ったそうである。

このとき、田中と竹入の間には、とくに注目すべきやりとりがあった。

まず最初に厚さ四センチ以上もある議事録の上に手を置いた田中は、

「竹入君、君は日本人か？」

と聞いた。

「私は日本人だ」

と竹入はうなずいた。

この田中のひとことは、鋭い。

田中と竹入は、友人関係にある。しかし公明党は野党であり、たとえば安全保障政策では「日米安保体制反対」の陣営に属する。

田中があえて竹入に聞いたひとことの意味を、これ以上忖度する必要はなかろう。

「君は日本人か？」

という言葉を記憶にとどめておいてほしい。

わが国の首相として、ここで田中は筋を通す。その田中が、首相の収賄犯罪となりかねない民間航空機導入に際して、丸紅檜山会長の請託に「よっしゃ、よっしゃ」と気軽に応じるかどうか、よく考えていただきたいのである。

田中は昭和四十七年の九月一日、外相に起用した盟友大平正芳を伴い、ハワイでニクソン米大統領らに、日中国交正常化交渉をはじめる意向を伝えた。

米側は「成功を祈る」と答えた、と大平が書き残している。

この時点で田中と大平のもとには「中国は日米安保体制の現状維持を容認するだろう」という公明党ルートの観測が伝わっている。だから、日米関係を損なわないと見て、米側に外交の表ルートで「正常化に乗り出すことへの了解」を取りつけたのだ。

それにしても「成功を祈る」とは、消極的な賛成とはとれるが、ニクソン政権がそれに協力するとか、大歓迎するというニュアンスはない。

逆に「できるものならやってみろ……」との視線を感じることができるし、半年前まで、国連で国府議席擁護に動いた仲間に対して、なんとも事務的で冷たい対応ではある。前出の「周発言」の含みのある言い方と、比べていただきたい。

九月上旬、ハワイから帰国した田中は外相の大平に言った。

「まあ、お互い生身だからね……行くとするか！」

訪中の条件は、詰めは残っているが整ったのである。

だが、交渉妥結の先は読めない。そのままで行くのは帰国後に政治生命、いや、命の心配も出てくる。生身の人間には辛い……。

しかし、

「行くとするか！」

とは田中らしい言い方だ。

スポーツで言う「プラス思考」の開き直りに聞こえるが、政治的な決断である。「決断と実行」は、彼の政権スローガンであった。

冷汗三斗の北京秋天

北京は、同行記者団が競って報じたように、曇りなき秋天であった。

周首相は事前の約束通りに、田中訪中団を歓迎した。「田中・周会談」は当初、日中友好の掛け声の下で順調に進行しはじめると思われた。

だが、昭和四十七年九月二十五日、第一回の歴史的会談のあと、日本代表団のスポークスマン二階堂官房長官は、こう発表した。

「周首相と田中首相は、驚くほど率直に双方の基本的な立場や考え方について意見を交換した」

通常、外交交渉で「率直に双方の……」という言葉が出るときは、お互いの主張が正面衝突した場合に使われる。日中交渉は、友好一色の報道とは裏腹に、冒頭から緊迫し、難航が予想されはじめたのであった。

首脳会談の冒頭、田中は、

「私はまた、総裁選挙や総選挙をやらねばならない。たいへんな決断をして（中国に）やってきた。あなた方には総裁選挙も総選挙もない。中国では、おそらくあなたの思い通りでしょうが……」

とのっけから「訪中決断」を高く売りつけるかのように、かなり挑戦的に切り出したのである。

周は応じた。

「田中先生の決断は、高く評価する。しかし、私の国でもこれに反対するグループがいないわけではない。（中略）わが人民は、過去に日本からたいへんな迷惑をこうむった。その事実をまったく忘れているわけではないのです」

お互い、言いたいことはまず「率直に」相手に叩きつける。

田中首相は、日米安保条約の堅持が交渉の大前提だと明言する。その中には、日米安保の前提である「極東の安全確保」の適用範囲に台湾地域が入るという日米合意もある。

ところが「ここで揉める」と見ていた予想よりもあっけなく、周首相は日米安保の存在を認めた。

続いて初日に、交渉の焦点が絞られる。田中は短兵急《たんぺいきゅう》に口火を切った。

「台湾問題は、まだ日本では消化されていない」

序論も中間経過もなく、田中は交渉の核心を持ち出したのだ。

日本にとって「台湾問題」の処理に中国側の譲歩が必要だ、と斬り込んだのである。

丁々発止と言えば聞こえはいいが、日中友好第一の雰囲気は初日から、裏では消し飛んでいたのである。

この気まずい雰囲気は、この日夕刻に人民大会堂で開かれた「歓迎夕食会」での田中のスピーチでさらに険悪化する。

田中は答礼のテーブル・スピーチを、外務省が用意した原稿の通りに読み上げた。

「(日中戦争などで) 中国国民に多大の迷惑をおかけしたことについて、私は改めて深い反省の念を表明します」

問題は、この日本語の「迷惑をかけた」という言葉を、中国語で「添了麻煩《テイエンラマーファン》」と通訳が表現したことであった。

この瞬間、どよめきが大会堂を支配した。

「なんたることだ!」

中継のテレビ画面には、周首相が顔をしかめ、怒りの呟きを発したかのような様子までもが映った。周は、手にした田中スピーチのコピーらしい紙を叩きつけるような仕草を見せた。じつは「添了麻煩」とは、ちょっとした不注意を詫びるときに使われる程度の表現なのだ。そうであれば、周が怒り心頭に発したのも当然であろう。単なる言葉の行き違いだと言ってしまえば、それまでである。しかし、外交は結果で判断される。そんな不用意や言い訳が外交上通用するはずもない。

このように、外務省が大罪とも言うべき失態を犯したのは、この「日中国交正常化」の重要な舞台だけではない。

わが外交当局者は昭和十六年十二月七日 (ワシントン時間) の朝、対米最後通告を決められた時間に相手に手渡すという単純な作業に失敗した。大使館員の怠慢で、暗号電報解読、浄書が間に合わなかったのだ。

少なくとも真珠湾攻撃の三十分前に米側に通告するはずの「最後通牒」は、結果的に東京の訓令よりも「一時間二十分遅れ」でハル米国務長官に手渡された。野村、来栖両大使は、暗号を解読して真珠湾攻撃の事実をすでに知っていたハルに、面罵される。

「第二次世界大戦への参戦」と、最後の戦後処理である「日中国交正常化」の二つの「晴れ舞台」で、エリート外交官たちは、信じがたい致命的な失策を演じるのである。

北京の「添了麻煩」事件は、まさに冷や汗ものであり、日本の外交官の不勉強を天下にさらした。二十世紀のわが外交史上、これら二つの大失策は銘記されねばなるまい。一番大事なときに、一番やってはいけないミスを犯す。明らかに、彼らの日常の心構えが狂っているのだろう。だから国の大事に際して、悪魔に魅入られたように大失態を重ねるのであろう。

第一回首脳会談で前途に暗雲が漂い出した正常化交渉は、翌日二十六日午前の大平・姫外相会談と午後の第二回首脳会談で暗礁に乗り上げてしまう。

それは、予想通りに「台湾問題」であった。

北京交渉の争点は、中国側が堅持する復交三原則に発している。

第一原則は、中華人民共和国は中国を代表する唯一の合法政府……。

第二原則は、台湾は中国の一省……。

第三原則は、日華条約の破棄……。

この中で第一原則は、復交を求めて訪中する以上、日本側にも異存はない。

第二、第三の原則をめぐる両者の食い違いをどう調整するのかが、交渉の課題であった。日本側の主張は、若干くどくても、ここで取り上げる必要があろう。

第二の「台湾は中国の一省」については、日本が単独で中国の主張を呑むと、サンフランシスコ平和条約を自ら否定することになる。よって中国の主張は「理解し、尊重する」が、全面的には承認できない。

第三の「日華条約破棄」は、日本側は同条約は自然消滅すると解釈しており、同条約を破棄してサンフランシスコ平和条約、日米安保、米華、米韓各条約との絡み合いを全面的に否定することはできない。日華条約第一条は「日中間の戦争終結」をうたっている。したがって日本政府は「日中間に戦争状態はない」ことを確認することにしたい。また賠償権請求問題も同条約で処理されているので、改めて持ち出す必要はない。

これらの日本側主張を大平・姫会談の席上、外務省の高島条約局長が詳しく説明した。高島は、これから「失効させる」日華条約を「法的に有効である」という理屈にあくまで固執した。前夜の「添了麻煩」の一件に加えて、高島局長の守旧的な「法律論」は、中国側の苛立った神経を逆撫でしたのであろう。世界の現実は、大陸を支配する中国政府を正統・合法と認めている。その現実を認識したからこそ、田中訪中で過去の間違いを正すのではないのか。少なくともこれは政治・外交論の議論なのであって、法律論の是非ではないと言うのだ。

中国側は、目に見えて硬化した。高島局長を「法匪」と呼び、「中国外交部は同局長の国外退去命令を出すことを決めた」という噂が広まった。

このあとの第二回首脳会談で周首相は言動を一変させ、厳しく言い放った。

「先ほどの（高島局長の説明について）報告を受けたが、どうもおかしい。田中総理、大平外相のご意向を代表しているとは思われません」

反撃に出た周首相の態度は、峻烈であった。

「これ（台湾問題）は政治問題なんですよ。それを法律論でやるとは、その間違いにお気づきにならないのですか！」

さらに周は前夜の「添了麻煩」を持ち出して言った。

「添了麻煩とは、道端でうっかりと女性のスカートに水を引っかけてしまった程度の非礼を詫びるときに使うものでしかないのです。それをあなたは、日中両国間の不幸な過去に対する挨拶にされた！」

周恩来は、政治舞台での場数を踏んだ役者でもあった。相手の非をつく演技は、完璧であった。「添了麻煩」は、誇り高い民族に多大の迷惑をかけたことを謝罪する言葉としては、確かに不適当であった。

軽い気持ちで使った言葉ではあったが、交渉相手の中国側に乗じられる隙を作ったのだ。日本側は気勢をそがれて真っ向から反論する声があがらなかったという。

会談を終えたあと田中は「疲れた……」とひとこと言った。

交渉の前途は、暗澹たるように思えた。

北京交渉の正念場

午後、宿舎の迎賓館に戻った日本代表団の気分は、通夜のように滅入っていた。食堂には田中、大平、二階堂らが集まり、そこに条約局長の高島も入ってきた。

高島の顔色はなかった。

高島が沈んでいるのを見た田中は、

「ご苦労さん。まあ、高島君、なんだな。今日、周があれ以上言ったら、オレだってガツンと言ってやろうと思っていたがね……」

と笑顔を作って言ったという。

昭和二十六年秋のサンフランシスコ平和条約締結当時は、中共軍は朝鮮半島で台湾を支援する米国などの国連軍と対決していた。それに中国本土よりも台湾の経済、工業、民生は高い水準にある。しかも米国は「米中声明」では「米華条約」を放棄するとは言っていない。日本側が「サンフランシスコ平和条約」と「日華条約」、さらに「日米安保条約」が一連の文脈でつながっているという主張にもそれなりの「筋論」はあるのだ。

田中は沈黙する外交官らに言った。

「ああそうだ。マオタイ（茅台）を呑もう。マオタイだッ」

だが、重苦しい空気は消えない。

「心配するな、君ら」

みんなは、改めて田中の口もとを見つめたに違いない。

「まあね、できなきゃできないでいい。どう考えても中国の言うままにはいかん。このまま帰る。責任は、オレがとる」

田中はきっぱりと言い切った。

総理の不退転の決意というよりは、背水の陣を構えたのであった。この田中のひとことが中国側に伝わったかどうかは、現在では確認のしようがない。

その後事態は、陰で動きはじめる。翌二十七日、田中首相一行は万里の長城を見学した。忙中閑あり、の様子である。

しかし、この間に交渉決裂、帰国を覚悟した大平外相が姫鵬飛に「最後通告」を手渡す。妥協できない点は「玉虫色」にする以外に、知恵を出す余裕はすでにない。

このとき田中は、友好一色の演技をする。早足で万里の長城を登り、取り巻く記者団に驚いて見せた。

「万里の長城は六千キロだ。人類の偉大さを感じる」

その前に、

「日本の新幹線はたったの六百キロ。しかも万里の長城は技術も知識もない昔のこと……」

と前置きするのがやはり田中らしい。

第三回目の日中首脳会談は、その日の午後四時過ぎにはじまった。

周首相が話し合いの冒頭に、

「長城見学はいかがでしたか？」

と聞いた。

「日本列島改造は、必ずできるとの自信を得ました」

田中は、古代から現代に一挙に飛躍して見せ、やや筋違いのきらいはあるが、角栄流の感想を述べて応じた。

このあと、周首相は話の中身を対ソ連外交に急転する。周のソ連非難はすさまじい勢いであった。

「ソ連は約束したことを果たさない国です。日本も決してだまされてはいけませんよ」

周は、ソ連が対中援助を打ち切り、技術者を引き揚げ、中ソ国境に大軍を配置しているなどと違約を列挙して見せた。さらに歯舞、色丹、国後、択捉の北方四島を、

「田中先生、当然これは日本の領土ですよ」

と言ってから、

「ぜひ取り戻しなさい」

と断じた。

「もとよりそれは、わが国の念願でして……」

そう答えながら田中は、なぜ周がこの席でソ連批判の長広舌をふるうのかいぶかった。

周の独演は中国共産党と国民党との対立抗争、米中関係にまで「脱線」し、会談は延々と三時間にもおよんだという。

「ああ……これは周さんの時間稼ぎなのか?」

田中と大平は唖然としながらも、周の独り芝居を眺めるしかなかった。

ところが第三回日中首脳会談の直後に、交渉は急転する。宿舎に戻った日本訪中団に、中国側から、

「周首相からの伝言です。毛沢東主席が今夜、食事のあとに皆さんをお待ちしています」

という招待が届いたのであった。

九月二十七日の夜、北京「中南海」にある毛沢東の私邸で、歴史的と言うべき田中・毛会談があった。

日本側は田中、大平、二階堂。

中国側は毛、周、姫らである。

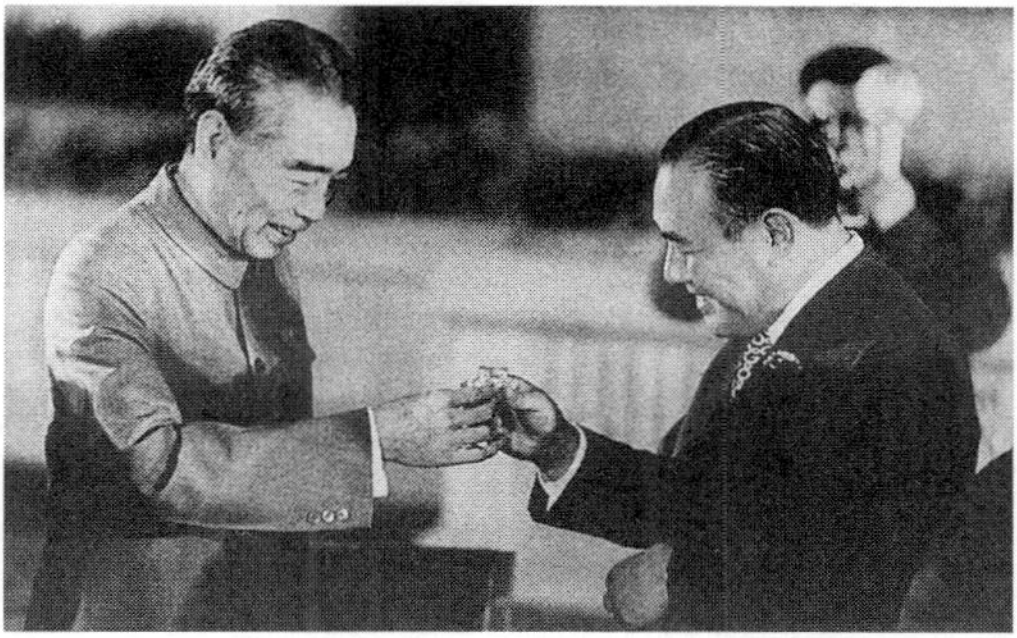
日中国交回復を果たし杯を交わす両首相。田中への支持率は最高に達した

そこで有名な毛のセリフが飛び出す。

「もうケンカは済みましたか？　ケンカをしないとダメですよ。ケンカをしてこそ、はじめて仲よくなれます……」

毛はまず、こう切り出した。

しかし毛は、居丈高に日本側の「非礼」をなじる様子ではない。

日本側の出席者は、その毛の穏やかな挙止の中に、高齢の革命指導者の覆い隠せない疲労を見た思いであったという。

別れ際に、毛は呟いた。

「私はリウマチで足が弱くなりました。近いうちに天から召されます」

これは、病む老指導者の弱気を告白しただけではなかろう。

「もうケンカは終わったのです。今後のことは、皆さんに任せるよ……」

毛は、そう言いたいようだった。

毛沢東は、中国革命と政争の風雪を重ねた比類なき現実主義者（リアリスト）である。彼の最後の独白は、天命を悟った中国の老大人の「遺言」に聞こえた。

この深夜、午後十時過ぎから開かれた第四回の大平・姫会談で、急転して妥結に向かう。

翌二十八日、第四回目の田中・周会談で双方の争点となった日華条約無効問題にも決着がつく。

ひとことで言うと、中国側は先の米中上海共同宣言と同様に、「北京政府を中国の唯一合法政府と日本が認める」という建前は譲らない。しかし、日本側は「日華条約は無効である」と自発的に宣言するが、台湾との民間・貿易交流を事実上継続する。

中国が先に米中国交正常化を選択し、米国による極東の安全保障体制を容認した以上、日本と台湾の間に軍事的同盟がない日本外交のフリー・ハンドは、米国よりも増したのである。

田中・大平外交は「名を捨てて実をとる」方式で、事を運んだと言えよう。

サンフランシスコ体制と日華条約の正当性にこだわり続ける外務省の発想と力量だけでは、日中国交正常化はしばらく陽の目を見なかったであろう。

日本国内での「親国府派」勢力は、自民党内などにまだ強力であった。この日中国交正常化の妥結で、これまで奔放なニクソン・キッシンジャー外交の後塵を拝していただけの日本は、大胆に針路を転換したと言える。

これは、戦後自民党が「党是」としてきた対米追随外交からの離脱、変身を物語るものとして、内外に強い印象を与えた。

周恩来の色紙

鮮烈な「北京秋天」に象徴される日中国交回復交渉はその後、さまざまな政治的な余波を生む。ここで、政治家田中角栄の評価に絡む話題を取り上げたい。

それがこの言葉、

「言必信、行必果」

という周首相の色紙である。

この色紙は、北京交渉が妥結し、上海に向かう途中で、周が揮毫して田中に手渡したと言われる。

このことを新聞報道で知った東洋学者の安岡正篤《まさひろ》氏は、東京で新聞社の取材に応じて周首相に対する不快感を表明した。

この「言必信、行必果」の出典は、論語である。論語の注釈はいろいろあるが、ここでは貝塚茂樹京都大学名誉教授著『論語』（中央公論社）の訳文によって見よう。

この「言必信、行必果」は論語第七巻、第十三、子路篇（十二）に出てくる。

孔子の弟子である子貢が、

「どのような条件を備えたら『士《サムライ》』と呼べましょうか？」

と質問した。

孔子は答える。

「恥を知り、自分で行動を差し控える、ほうぼうの外国に使節となって立派に使命を果たす、これが士と呼ばれる条件であろう」

子貢はさらに尋ねる。

「それが士の条件でしょうが、これに次ぐ条件をお教えください」

「親族一同から孝行者と呼ばれ、郷里の人々から年上を敬うと褒められることだ」

子貢は、また問う。

「またその次に来る条件をお教えください」

孔子は言う。

「言葉に決して偽りがなく、かちかちの小人であるが、行動は常に思い切っている」

この最後の中国語原典が、

「言必信、行必果……小人也」

なのである。

安岡氏は、中国の首相である周恩来が北京を訪れた日本国首相に「かちかちの小人だが……」と書いた色紙を与えたことに不満を発した。

つまり、士の条件としては第三番目にしか来ない「小人」を意味する「言必信、行必果」と書くとは、日本の首相に対して無礼にあたるのではないか、と言うのである。

安岡氏は単なる東洋学者ではなくて、内閣の顧問的な立場にあった。歴代の首相が私淑しただけでなく、たとえば終戦の詔勅に関与したことでも知られる。

同氏は戦前・戦中の海軍省顧問でもあった碩学《せきがく》であり、日本の東洋学の権威であることを政界で知らない者はいない。

一時期、政財界の有志が安岡氏から講義を受ける「而学会《しがくかい》」という集まりがあり、私も最末席に列したことがある。だから、間違っても不肖の弟子などと思い上がるわけにはいかないが、安岡先生は私にとっても雲の上の師である。

戦後も、安岡先生は思想的には反共的な見解を明らかにしていた。その思想のせいなのか、あるいは記者があえて「周中国首相の無礼の意思」を既成事実として伝えて、安岡氏の発言を引き出したのかは、いまではわからない。

しかし、この色紙を「周首相が『小人の日本国首相』に与えた」という見方は、いかがなものか。歴代首相から「老師」とあがめられた安岡先生の考えに異議を申し立てる気はさらさらないが、周首相の色紙がはたして悪意に基づくものなのか、異なった解釈はあり得よう。

周首相はその奥ゆかしい人柄、人格によって、いまなお全中国人の尊敬を受けている。彼は政治家であり、文化大革命の嵐をくぐり抜けた屈指の知識人である。

前にも触れたが、私は首相引退後の田中角栄が「私が知る限り現代世界最高の政治家は、周首相だ」と断言した懇談の席上にいて、この周首相への賛辞を直接聞いている。

その角さんが、自分を侮蔑した人物を、こんなに評価するだろうか?

周首相は戦前、日本留学の経験もある。日本の「漢字」の水準を知らないわけはなく、したがって日本で無礼だと受け止められかねない色紙を田中首相に手渡すイタズラをあえてしたとは考えにくいのだ。

そのようなことをすれば、それが報道されることは、目に見えている。北京秋天の「難交渉」をまとめ上げたことは、老いた毛沢東主席を支える周首相にとっても、大きな政治的得点であったはずだ。

賢明な周首相が、その成果に自ら曇りを残すような茶番劇を、わざわざ考え出すであろうか。常識で考えても、それはおかしい。

ひるがえって、原典に戻って判断してみよう。

周首相があえて、

「私は言必信、行必果のかちかちの人間にすぎないのですが……」

と謙遜して言うのなら、その寓意《ぐうい》はよくわかる。

すなわち「士」として孔子があげる第一条件である「行己有恥、使於四方不辱君命、可謂士矣」とは、ほかでもない、北京に使いして君命を辱めない士、それは田中首相であり、それに比べると私は「言必信、行必果」の人物にすぎないのですが約束に偽りはありません、と周首相は書いたと解釈できる。

周首相は竹入公明党委員長に確かに「中国は日米安保の存在を認め、その上で日中国交正常化に踏み切る」と言ったではないか。しかもそれを「田中さんに伝えてほしい」と、念を押してである。

その難交渉はいま、ようやく妥結した。「言必信、行必果」の主体、主語は「私」すなわち

ない。

そう解釈すれば、一切の謎は解ける。これは、なにも田中首相に一方的に傾斜した解釈ではない。

と周首相は色紙に感慨をしたためたのだろう。

「私は、確かにやったよ！」

周首相本人なのだ。

当時の中国の内部事情は、じつは極めて微妙なものであった。反米、反日を国是としていた中国が、自民党政権との復交に踏み切った「劇的な方針転換」の裏に何があったのか？

北京日中会談の冒頭で「わが国にも反対する人はいます」と周が言ったことは誇張ではない。

それにしても、である。

自国首相に対する自虐的なマスコミの意識が周首相の無礼説を産み出したとするなら、孔孟の礼を知るべき日中両国民にとって哀しいことである。

もし周首相が日本国の首相を「かちかちの小人だ」と嘲ったのが本当ならば、日本人の多くは胸奥に不信の刃を忍ばせて、中国人に接することになろう。

それはさておき、中国首脳、とくに周恩来、鄧小平の実務家たちは、なぜ日中国交正常化を急いだのか？

いまになって見れば、いくつかの理由が浮かび上がる。

当時、中国はソ連という「覇権国家」から国境線に大きな軍事的圧力を加えられていた。ソ連軍の近代化が進んだ空軍、機甲部隊の軍事力は、近代化が遅れている人民解放軍には巨大な脅威であった。

軍事力の近代化は、中国経済の近代工業化の前進と国民総生産の拡大の上にしか見えてこない。

鄧小平が、

「二十一世紀までに市場経済方式を導入して、社会主義経済の後れを取り戻す」

と唱えた真意も、そのあたりにあったのであろう。

国際資本の注入と市場国際化の必然性を、実務家の周首相や鄧小平は十分に理解していたのである。その国際化へのきっかけが、米中、日中国交正常化であった。

田中・大平外交は、その路線に乗った。

日本国内には中国政府の対外政策や軍の未来路線が現在でも不透明なので、田中が果たした正常化も「確たる未来展望を欠いた外交路線」にすぎないと批判する声がある。

それには相応の理由はあるが、一方でＷＴＯ（世界貿易機構）への中国加盟などの変化もある。

確かに中国は華僑の存在が示すように実利の国であり、常に日本の国益と期待に合わせて動くはずもない。中国は有史以来、したたかな国なのである。

米国は、台湾海峡が緊張すれば依然として台湾防衛の公約は果たす構えであり、日本と台湾の「実質的国交」は維持されている。

田中・大平外交が、こうした中国国際化の流れに沿っている以上、北京秋天が「無定見な外交路線転換」だと決めつけることには、問題があろう。

武器なき外交

その後、田中首相はさらに外交分野で新しい課題を解決しようと、積極的な動きを見せる。昭和四十八年十月七日、田中は日ソ平和条約、資源開発交渉のためモスクワに乗り込んだ。ドイツの新聞紙面には「電撃戦！」の大見出しが躍った。第二次大戦の初期に「電撃戦」でヨーロッパを席巻したドイツ軍を想起させる大見出しに、ドイツ人だけでなく私も驚いた。

交渉の相手はブレジネフ書記長、コスイギン首相、グロムイコ外相らである。当時、ソ連経済は衰退の一途を辿っていた。このため、日本の経済力への期待は大きく、シベリア、サハリン（樺太）に対する日本マネーの投入はソ連側にとって非常に魅力的なものであった。

しかし、日本を出る前から田中は、「領土」で先制攻撃に出る構えであった。

八日の第一回会談は表敬、顔見せ程度で終わった。この日、午後七時という異例の時間に開かれた第二回会談では、ブレジネフは田中の前に大きなシベリアの地図を広げ、石油、天然ガス、鉄鉱石、貴金属という「戦略的資源」について、眉毛を吊り上げながら二時間以上もしゃべり続けたという。田中はイライラを隠さずに、しかし、我慢していた。そしてブレジネフが一息吐いたとき、田中は反撃に出る。

「そんなことは私は、いや日本人なら十分に知っている。ソ連の上空を米国の偵察衛星がくまなく周回しているでしょう。シベリアの資源のあり場所も一目瞭然だ。それを撮影しているカメラは日本のニコンなんだ」

会談後、ひとり厳しい表情を見せる田中首相。右からコスイギン、ブレジネフ。筆者撮影

ソ連側は目を見張った。そして田中のダミ声に聞き入った。

「私が、ここモスクワにわざわざやってきたのは首脳同士で北方領土の話をするためだ」

直截な田中の発言に、それまで資金援助を力説していたブレジネフらは白けた。

第三回首脳会談は翌九日の午前に開かれたが、交渉は難航した。

このあと田中は、領土問題の進展がなければ共同声明を出さずにこのまま帰国すると言い出す。さすがに、田中の強引な要求に嫌気がさしたブレジネフは、不機嫌さを隠さなかったという。その後の午餐会を、ブレジネフは欠席した。

この第三回会談の直後に記者会見した大平外相と外務省

の新井弘一東欧課長は、異常な会談の雰囲気を伝えた。大平は、

「厳しいやりとりがあった。わが首相の発言は鋭く、辛辣と言ってよいほどであった」

と口ごもるように説明した。

「首相は武器なき外交の限界を極めた交渉をした、と言っても過言ではない……」

新井はそこまで会談の模様を描写すると、感極まったように目をうるませた。そして記者団の問いに目を真っ赤にして答えた。

「共同声明を出すことには、まだ至っていない」

会談は対立が解けないまま、最終の第四回会談にもつれ込むだろう。そこで歩み寄り共同声明を出さないと日ソ交渉は失敗ということになるのだ。

その夜、私は、首相が宿泊している迎賓館の部屋に電話を入れた。あらかじめ迎賓館内の直通番号を聞いていたのだった。電話口に出た首相の側近に私は質した。

「こんなに揉めていてまとまるのか。明日、お経を読んで、甘いお饅頭を持って東京に帰れるのか」

直通電話でもあり、どうせソ連側に盗聴されているのだから、なるべく「先方」にわかりにくい表現をしたつもりだった。お経は「共同声明」であり、お饅頭は「北方領土」への言及である。側近は答えた。

「ワッハッハ、お経もお饅頭も大丈夫ですよ」

私はモスクワよりも経度が東で締め切り時間が早い東京へ急いで送稿した。

「日ソ双方は北方領土問題を含む実質的合意を得て、共同声明を発出」

その後、この予定稿の見出しの通りに事態は進んだ。

最終会談で田中は開き直る。

「これでは共同声明は出せない。われわれは東京に帰るしかない」

ソ連側が困惑したところで、田中は言い放った。

「われわれの最終案がここにある。これを承知してくれるなら、共同声明を出す」

案文を示しながら、田中はブレジネフに迫った。「未解決の問題を解決して、平和条約を締結する」という内容であった。

ブレジネフはそれを見て、「ちょっと待ってほしい」と言い、

「未解決の問題を、未解決の諸問題としたい」

と主張した。

そこで田中が念を押した。

「それはわかった。では未解決の諸問題には四島返還が含まれるのか」

「ヤー、ズナーユ」（そう理解する）

ブレジネフはあいまいな答えをした。

「それは弱い。含まれるのかどうか。イエスかノーかで返事してほしい」

「ダー」（イエス）

ブレジネフは押し切られるようにうなずいた。

誰が何と言おうと、日本の首相が、政治の実権を握るソ連共産党書記長にその場で北方領土問題を認めさせたのだ。

「イエスか、ノーか」

とコワモテでソ連の最高指導者に迫った日本の政治家は、田中のほかにはいないだろう。

田中の人並み外れた突進力が、凍土に埋没したように膠着していた日ソ領土問題に風穴を開けたのである。

サハリン買い取り構想

この日ソ会談には、後日譚がある。

前にも紹介したが、首相辞任後に、田中は昔の角番記者と懇談した。そのとき田中はくつろいだ様子で、いろいろと打ち明け話をしてくれた。内外の政治家の人物月旦にも話がおよび、そこで例の周首相への賛辞も出た。一方、ソ連の書記長だったブレジネフに対しては、辛口だった。

「あれは、自民党で言うならば総務会長どまりの政治家だな」

と田中は言った。

世界の指導者論を話しているのだから、当時米国と覇を競っていたブレジネフが与党の総務会長どまりというのは厳しい評価であるということだ。その途中で話はモスクワで行なわれたブレジネフとの日ソ交渉に移った。

「あのとき、じつは特別機に札束を積んでいったんだよ」

と田中は打ち明けた。

「北方領土で色よい返事があれば、樺太を買い戻してもいいんだ。話の成り行きではそう提案しようと思ったんだが、先方の器量がそこまでなかった……。いや、これはホントなんだ」

だからなおさら、ブレジネフの評価が実権に乏しい与党の総務会長ということになるのだろう。

角さんは、呵々大笑というように頬を崩した。なんとも奇抜な「樺太買い戻し構想」であった。

第九章　鬼才、惜しむべし

田中政権の命脈

話はいささか横道に入るが、田中が自民党幹事長であった昭和四十五年十一月二十五日に三島事件が起こった。

国会内で記者会見に応じた田中は、

「これは遺憾な事件だが、どうやら三島氏は精神家だね」

と答えたことがある。

三島由紀夫は自衛隊に決起を求め、隊員の賛同がないと知ると、その場で自決した。その人柄を「精神家」と評したのだ。いまでは笑い話だが、それを「精神科」と聞いた人もいた。

歴史を振り返ると、政治や外交には、その民族の属性が顕《あら》われる。

いわゆる精神家が昭和初期から十年代に、いかに日本の政治、軍事をねじ曲げたか。田中は、その実状を熟知しているはずであった。そのような戦前を思い出させる三島の史観は、「兵隊やくざ」の田中が最も嫌っていたものだろう。

だが、現実主義者の田中が、生涯に一度だけ、その「精神家」になったことがある。

彼が寝食を忘れて、死にもの狂いで「精神家」的に戦い出すのは、登り詰めた総理総裁の座の権威を、ロッキード裁判で汚された怨念からであった。

ロッキード事件の発端を米国石油メジャーの策謀や、キッシンジャー米国務長官の田中不信に求める意見は少なくない。田中のアラブ寄りの政策決定が、ロッキード事件の伏線となったとする説である。

この説をとる人は、中曽根元首相や田中内閣当時の秘書官らである。いまやその当否を確かめる術もないものの、ロッキード事件とその裁判には、常識で考えると不可解なことが多すぎることも事実である。

現代世界の情勢は、島国の日本人が考えるより深層において厳しい。その背後には、当時情報機関が暗躍した世界規模の権謀術数の世界があった。恐るべき競争相手は斬れ、と超大国の策謀家たちは考えたのだろう。この覇権思想の日常化こそ、共産主義国家だけでなく、あの頃のアメリカ国家戦略の基本であった。現在のアルカイダ殲滅作戦にも、その名残りはあるのだ。

その思想の下では、覇権に挑む相手はいつか消去される宿命にある。

「この世は唯一の造物主によって生まれたもので、その理念に反する者は滅ぼす」

という宗教国家は危険である。

日本の世論はこうした背景に目をつむって、自民党的政治や田中角栄を世俗的に糾弾してきたようだ。

テレビ画面に映る言葉巧みな政治家や、彼らの振舞いの好悪にのみ、大衆の判断が左右されるとするならば、それは憐れむべき自閉症状でしかない。

あの時代に、政治の背後で渦巻いた「おどろおどろしいマグマ」の存在が、改めて想起されるのである。

田中政権下、日本の政治、外交は活気を帯びていたものの、昭和四十七年から四十八年に至る世界情勢は、まさに「戦後日本人」の想像を絶する変動の時代であった。

時代の風雲児田中角栄の政権はその後、昭和四十九年秋に起こる「金権批判」で非難囂々《ごうごう》の中に倒れる。

雑誌『文藝春秋』の二つの金脈批判記事が、その追及の火種となった。

「田中角栄研究――その金脈と人脈」と「寂しき越山会の女王」がそれである。

十月中旬のこの記事がきっかけとなり、東京の外国人記者クラブとの会見に招かれた田中首相に対して、手厳しい質問が出た。新聞とテレビも正面から金脈問題を取り上げるようになる。

田中弾劾の世論は、たちまち燃え上がった。

十月下旬に田中はニュージーランド、オーストラリア、ビルマを歴訪した。

当時、内閣記者会のキャップであった私は若手記者に対して、

「田中政権の命脈は尽きた。帰国後に決断するだろう」

と退陣決定のニュアンスを伝えた。

たまたま、米国のフォード大統領来日が予定されていて、その行事がすべて終了した十一月二十六日の朝が、政権の幕引きとなった。田中角栄首相は自らに向けられた金権批判と国政混乱の責任をとり、退陣した。

「惜しい人物だ……」

戦後歴代内閣の学問頭と言われた安岡正篤氏は、総辞職の報を聞いてこう洩らしたという。「惜しい……」の理由は、いまでは想像するしかない。

退陣に際して田中首相の秘書官は、首相退陣声明の素案をまとめた。事前に彼から内容を知らされた私は、こう言った覚えがある。場所は、国会近くのホテルのティールームであった。

「素案には、退陣声明に必要なことは盛り込んであるようだが、それだけでは角さんに対する心情的な部分が足りないような気がする」

いまとなっては、無理なことを言ったものだと後悔している。

「何を付け加えればいいのか？」

と彼は聞いた。

「目白（田中の私邸）に朝駆けしたとき、たまたま激しい雨が降った。角さんが『雨の音はいいねぇ。こうして大地を打つ雨に耳を傾けていると、来し方行く末を思うような気分になるなぁ……』と言っていた。そのような粛然としたところもある人柄を、なんとか引退声明で表現できないかな」

私はそう答えた。

その後、発表された「退陣声明」の一節を見て、私は電気に触れたように震えた。

「わが国の前途を思いめぐらすとき、私は一夜、沛然《はいぜん》として大地を打つ豪雨に、心耳《しんじ》を澄ます」

とあったからだ。

しかし、私が助言した声明の原文では「豪雨に、耳を澄ます……」となっていたはずである。のちに知り得たのだが、この「心耳を澄ます」の中の一文字「心」は、安岡氏が添削したそうである。そんな斯界《しかい》の大家が裏にいたとは、そのとき、私は思いも寄らなかった。

「心」の一字で、この一節は生きる。その有る無しは、まさに平常心の持ち方の違いなのだ。

「誰が、どこの文章家が『心』を入れ直したのか?」

あわただしい退陣記事の送稿の間に、私はその衝撃をたじたじと反芻する思いであった。物書きとして、未熟さを思い知らされたのである。

送稿後、毎日新聞一面のコラム「余録」を担当していた主筆の渡辺襄氏（のち社長）から電話があった。

「退陣声明の、一夜沛然として大地を打つ豪雨に心耳を澄ます……のところは、ほかの部分と比べて異質で、どういう意味なのかわからない。これは何だね?」

文章に厳しい先輩の眼識は、明晰で怖い。

私は、しどろもどろで当たり障りのないことを言った、と記憶している。

それはさておき、田中が退陣を決意したのは、丁稚《でっち》時代からの「刎頸《ふんけい》の友」である入内島金一氏（＊当時、日本電建社長）や越山会の金庫番であった佐藤昭子さんを国会の証人喚問の席に座らせることはできない、ということが決め手となったようだ。田中の「浪花節」的な心配りがあったに違いない。

また、田中の背後で越山会の金庫番を務めていた佐藤さんが国会の証人喚問で闇の中のすべてを語ったならば、そこで政府与野党の「パンドラの箱」が開かれることになる。闇の深さを知る田中には、はかりしれない混乱を招くおそれがある「証人喚問」に応じることは不可能であったろう。

じつは、この退陣決意のかなり前に、私は二階堂から「政権投げ出し」を聞いていた。

右にあげた二人の喚問とともに、金権疑惑をめぐる田中個人の資産公開を求める世論に応えることが難しい、いや、できないことも、退陣の理由の中にあった。

「国民が想像している金額とは、ちょっと桁が違うんですよ。資産公開がヤブヘビになっては、意味がないからね」

と二階堂は苦渋に充ちた表情で言った。

先に書いた「命脈は尽きた」との私の判断も、この田中の番頭と称された二階堂への取材で決定的となった。「庶民宰相」は資産の公開を求める大衆世論に追い詰められたのであった。

確かに、田中が過去の政局で動かした金額は、ほかの実力者が使った金とは桁が一つ、二つ違っていた。政権成立当時、田中の側近の一人は私に、「国会議員ほぼ四百人に手を打ってある」とオフレコで豪語したことがある。

「群馬県でも、一人を除いて全員だ」

と言って、彼はニヤリとした。福田赳夫以外の全員、という意味である。四百人が本当なら衆、参院の与党議員だけでは数字が余りそうだ。野党にも手当てしてあるぞ、と彼は誇示したのだろう。

だが、このような不躾な「金権体質」への批判は厳しく、これが田中政権の命脈を断った。退陣後の懇談で田中は、旧知の記者の前で頭を掻いた。

「いま暇になって数えてみたら、総理になったときには五十四歳で、自民党議員の平均年齢以下だった。この若僧め、と思った人もいただろう。まあ、よくも殺されなかったものだな」

そう言って、彼は苦笑いした。

その頃、田中は求められると「對青山依緑水」と色紙に揮毫した。

「もう人を呼び、集まって何かを求めるつもりはない……」

という心境であったようだ。

論語を読めば、「吾十有五而志乎学」（吾十有五にして学に志し）という有名な一節がある。この節では、四十にして惑わず、五十にして天命を知る、六十にして耳順《みみしたが》う、七十にして心の欲するところに従いて矩《のり》を踰《こ》えず、とある。

田中の首相時代は「天命」と「耳順《じじゅん》」の中間地点であった。周りの忠告に耳を貸さずに「決断と実行」を天命とするかのように突進したのも、やむを得ないめぐり合わせだったのか。

田中が政権を手にした時代は、いわば乱世であった。田中に、「心の欲するところに従いて矩を踰えず」のときまで首相に挑戦することを待て、と言うのは酷であったろう。

偏見との戦い

だが、その退陣後の「對青山依緑水」の穏やかな日々は、束の間であった。

ロッキード社への疑惑がワシントン発で伝えられ、日本の政界にも大波紋を引き起こすのである。昭和五十一年二月四日、米上院多国籍企業小委員会（チャーチ委員会）の公聴会で、ロッキード社が対外工作、不正支払いをしていたという爆弾証言が飛び出したのだ。

この年、七月二十七日、田中前首相と榎本前首相秘書官が東京地検に逮捕された。ロッキード疑獄のはじまりである。

この裁判にはいくつもの基本的な疑問が存在するが、それはあとで詳述する。

この疑獄は、その後の日本国内政治に大きく影響した。釈放されたのちの田中は、裁判を舞台にするだけでなく、心ならずも自民党の多数派を背景にした政治戦術を構えて、既存秩序に全面戦争を挑む。

田中の逮捕後、毎日新聞は社説で次のように指摘した。

「一国の行政の最高責任者である首相が国民の信頼に背を向けて、私企業の利益や自分の所属政党や党内派閥の利益のために職務権限を行使していたという容疑に、われわれは激しい怒りとやり場のない恥ずかしさを感じざるを得ない」

これは世論の側に立った心情的な正論だと受け止められるだろう。しかし、この社説を田中の弁護人である木村喜助弁護士は、

「この時点で請託や金銭授受がどういう証拠によって認められるかは確認されていないはずである」

と非難している。

また、首相の職務権限についても「贈収賄の罪が成り立つかどうかはこれから公判廷で争われる」と指摘している。

刑事事件の立件と公判制度の観点においては、木村弁護士の言い分は正しい。ただ、そのような公判がはじまっていないときに、世論を背景とする社説が「感情的な弾劾」をすることにも理解を示す必要はあろう。

その背景に、新聞も追及した田中金権体質が隠れていることは、言うまでもない。

田中は、東京地裁での裁判の冒頭で、次のように意見陳述した。

「いやしくも国民の信託を受け、国政の最高責任者として日本国を代表する栄誉ある内閣総理大臣の地位にあった者が、事実の有無はともかく、外国商社から数億の金を受け取ったとの検察当局の疑いを受けて起訴されるまでに至ったこと自体、これに勝る不名誉はなく、栄職を汚したとのそしりを免れることのできないことは、十分承知しています」

そして、この事件を中心にして国政混乱を生じ、国民に迷惑をかけたことに対して、「私の不徳に起因するもので、その責任を痛感し、深く頭をたれ、国民にお詫びいたします」という趣旨の陳述をしている。

この点では、田中の謝罪は世論を無視せずに、ものの道理を踏まえている。それは、すでに「耳順」の年代にさしかかった風雲児の、偽りのない心境であったろう。

すでにそのとき、元首相は逮捕・保釈後に行なわれた昭和五十一年総選挙の洗礼をくぐり抜けていた。故郷新潟三区の選挙民の支持を得て、「復権」の意欲はたぎっていたと言える。

この場合の「復権」の意味は「総理の座に返り咲く」ことではなく、ロッキード裁判ではっきりと無罪を勝ち取ることである。

田中は決然として、そこに政治家としてのアイデンティティー（自己証明）を求めた。

それにしても、田中が自らの「冤罪」を晴らそうと渾身の力を振り絞って「田中派膨張策」をとり、闇将軍に徹した理由は何か。「数は力なり」とは、このとき以来の角栄流政治手法の表現である。

田中に、頼れるものは自らの実力、金力、そして同志の数であると割り切らせたものは何か。

私のまぶたの裏にいまも残っている印象的な光景がある。田中が自民党幹事長であった昭和四十五年の同党定期大会で目撃した出来事であった。

この大会で党務報告に立った田中幹事長は、はじめて自身の「決断と実行」のスローガンを表に出した。

「政治とは、その課題を解決することを大胆に『決断』し、解決を約束した期限内に『実行』することであります」

これは、当時の佐藤首相が「二、三年後の沖縄返還」の約束を日米首脳会談で取りつけ、その成果を受けて自民党が大勝した師走総選挙の翌月であった。その獲得議席は結局三百三に達し、絶対多数を実現していた。

「待ちの政治」を自負し、師の吉田茂が託した戦後処理「沖縄返還」にめどをつけた佐藤は、得意の絶頂にあった。

一方田中は、幹事長として総選挙の采配を振るという宿願を果たして、野望に燃えていた。「決断と実行」という言葉は、その自らの野心を半ば公然と政界の表舞台で宣言したことにほかならなかった。

大会の壇上で田中が遠慮なく、それを大声で張り上げた瞬間である。その後ろに座っていた佐藤が、思い切りのけ反った。頭を後ろに倒して、大口を開けて笑ったのである。もちろん、笑い声は抑えていた。だが「哄笑《こうしょう》」であったことは間違いない。

佐藤は田中を、自派の「代貸し」と思っていた。とても自分の後継者にするつもりはなかった。しかも佐藤の政治姿勢を揶揄する言葉ともとられていた「待ちの政治」に対して、こともあろうに田中が「政治は決断と実行であります」と言ってのけたのだ。

「この若僧めが、政治の重さも知らないで何を生意気なことを……」

という思いから佐藤は大口を開けて笑って見せた、と記者席で目撃していた私には映った。佐藤と田中の間に存在する深い溝を、はからずも見せつけた一幕であった。

その後、田中は佐藤派だけでなく中間派にも支持層を拡大し、福田赳夫を後継者に擬していた佐藤をアメリカで言う「レイム・ダック」さながらに押し切ってしまう。

自民党内の「力相撲」では「資金力」の田中が勝ちをおさめた。しかし、長期政権維持という「宰相学」の分野では、佐藤の「哄笑」が当たっていたとも言える。この佐藤の「哄笑」が持っている政治的な背景は深い、と私は考える。

この世界では、田中は一貫して「悪役」に仕立て上げられた。官立大学を卒業し、言動の穏当を旨とする既成秩序に守られて育った保守的な政治家たちは、政治指導者が「身内」から出ることを期待する。戦後の歴代首相の履歴を見れば、わが政界に名望尊重の気風が存在することがよくわかる。

その名望家の群像に裸一貫で挑戦した田中は、明らかに「敗戦後」でなければ容認されない異端児である。だからこそマスコミは、はじめは称讃の意味で「今太閤」の称号を彼に贈った。

これは、わが政財界、言論界に暗黙の支配的階層意識が形成されていることを、裏から教えている。

その意味では、わが国の戦後社会は、田中の首相就任ではじめて「民主主義」を実現させたのである。戦後民主主義は、形の上では、ここでその理念を全うしたと言える。しかし、田中の出会う不幸の多くは、そこにはじまると私は見る。彼は文字通りに、腹背に敵を受けはじめるのだ。

この観点に触れることは、田中の「政治的資質」にも関わる論議に発展する。

たとえば、田中が自ら筆をとった『私の履歴書』についても、のちに「からかい半分」の見方が出た。文芸評論家の小林秀雄氏が『私の履歴書』の文章を褒めたことは前に紹介したが、その推薦を頼まれると小林氏は、

「確かに褒めたが、それは素人としては上手いということ……」

と断わったというのだ。この話には、そのとき田中が、

「褒めてくれたのはありがたいが……その小林とは何者かね？」

と問い返したというオチまでついている。

この作り話の出所は知れている。田中の近くにいつもいる人物までが、したり顔でそう言ったのを私も聞いている。このような人たちは、本当に至らない人間であると、私は思う。政界の叩き上げ代議士は、仕事師であり、本当に忙しい。その中で田中は、官僚たちの物笑いにならないよう必死に勉強をしていた。

榎本首相秘書官は当時、私にこう言った。

「おやじは勉強家なんですよ。まだ真っ暗な明け方に起き出て、役所の書類を全部読む。わか

らないことがあると、朝一番に担当官に電話して説明を求める。毎朝その繰り返しで、その後、選挙区の方や皆さんと会うわけです」

また、中曽根元首相は、首相の座に挑む田中角栄のことを、

「田中さんは大学は出ていないが、国会という大学で学問をおさめた。国会大学で政治学の蘊奥《うんのう》を究めただけでなく、政界でも人並み優れた素質の持ち主だ」

と持ち上げることを常とした。

中曽根が大学卒の学歴を持たない角さんをかばい、政界の内外でそう強調する必要があった、ということである。

世間でも政界でも、偏見は抜きがたい。世の中の偏見は、健全な見識を平然として黙殺してしまう。

越山の夢遠く

闇将軍時代の田中は、総理在任当時よりも権勢を誇ったと言ってよい。

いわゆる「三木下ろし」や、その後の自民党総裁選挙、国政選挙の背後では田中流の「数は力なり」がまかり通った。田中自身も、逮捕後の昭和五十一年総選挙では新潟三区で十六万八千票を集め、トップ当選する。現職首相として戦った前回選挙の十八万二千票に迫る

勢いであった。

田中闇将軍の「キング・メーカー」の動きは、なりふり構わなくなっていった。

その後の鈴木善幸内閣を経て、「田中曽根政権」とまで評される中曽根内閣が誕生するまで策謀は続いた。中曽根内閣の法相には、田中の息がかかっていると言われる政治家が就任した。ロッキード裁判で「無罪を獲得する」との執念が、強烈に闇将軍を動かしていたようだ。一審で懲役四年の有罪判決後、田中は昭和五十八年暮れの総選挙で二十二万票余（自己最高）を得る。その個人的な執心は、あのロッキード事件が冤罪であるならば理解できる。

田中は、最強の派閥政治家として、歴代政権の裏で「闇将軍」であり続けた。彼を陥れた既存の秩序に対して「潔白を証明して見せる」と闘志を燃やして戦いを挑んだのである。

その闘争は、自ら最大派閥を維持しながら総裁候補はほかの派閥に譲る、という矛盾をはらんでいた。彼自身には大義名分が存在したが、世間も政界もそうは見なくなっていった。

長期化したロッキード裁判は一、二審有罪のまま最高裁にまで持ち込まれた。当時の田中派は総勢百二十二人、田中は参院選に備えてさらに同志を集めるつもりだった。

惜しむらくは「従心所欲不踰矩」（心の欲するところに従いて矩を踰えず）の境地には、いかにも遠いところにいたことである。歳月は遠慮なく過ぎ去り、鉄の団結を誇ったはずの田中派もまた「竹下・金丸」の造反劇に揺さぶられる。かつて佐藤派から離脱し、田中派を立ち上げた因果がめぐってきたとも言えよう。

昭和六十年二月七日、竹下登は「創政会」を旗揚げした。

この旗揚げは、「オールド・パー」を好む田中の酒量を増やした。

同月二十七日夕刻、田中は東京・目白の自宅で倒れる。

はじめは軽い脳卒中と言われたが、病状は重く、脳梗塞と診断され、その後ついに言葉を失うに至る。

闇将軍は政治も、そして裁判についても語ることをやめて、静かに療養を続ける身となった。

平成五年十二月十六日、田中角栄は東京・信濃町の慶応病院で死去した。まだ七十五歳であり、決して大往生とは言い切れないものがあった。

田中の首相時代の功績を称える声は少なくなかった。だが、ロッキード事件の刑事被告人という影は、死の瞬間まで消えなかった。

田中元首相の死去で、最高裁はただちに「公訴棄却」の決定をした。これによって田中が「総理の犯罪」で有罪を受けることはなくなったのである。

かつて大正時代、雪の故郷新潟を出て、越山の夢を追った戦後日本の風雲児は、帰らぬ人となった。時代は変わり、すでにこの年、長女の田中真紀子は衆院に当選を果たしていた。

田中は療養中に、映画『心の旅路』を繰り返し観たという。そのたびに、彼の目から涙がこぼれ落ちたと言われている。

『心の旅路』は、もともと現役政治家当時に彼が好んだ映画であった。物語は、田中角栄の心情を示唆している。

英国の名門出の主人公（ロナルド・コールマン）が戦争（第一次世界大戦）で記憶を失い、その心の闇の中で放浪中にめぐり逢った女性（グリア・ガースン）と生き別れになるというメロ・ドラマである。

原作者はジェームズ・ヒルトンで、英国的な味わいが深い小説である。原作題名は『ランダム・ハーベスト』であったと思う。

主人公は戦場で記憶を失い入院、大戦終結の日に、踊り子と結ばれる。ところが彼は、偶然の交通事故で記憶がよみがえり、名門の御曹司の身分に戻ってしまう。取り残されたヒロインは主人公の行方を求めて……という筋書きだ。

大病で心細くなった田中は、いっそう涙もろくなったのだろう。

越山・田中角栄が、政界人生の後半に追い求めた「心の旅路」では、彼はついに夢の恋人にめぐり逢えなかったのかもしれない。彼が追いかけた夢、政界の永遠の恋人こそは、ロッキード事件の冤罪を晴らしたもう一人の「田中角栄」その人であったに違いない。

いま、田中角栄の人生に思い切って新しい照明を当てたあと、私の胸にはさまざまな感慨が去来する。

首相辞任後も、鄧小平ら中国要人は、日中国交正常化の「井戸を掘った人」だと、田中角栄を評価し続けた。日本国内で、田中闇将軍弾劾の声がかまびすしいときでも、それは変わらなかった。

大陸の人たちの「タイム・スケール」は、この島国の時計とは比較できないほど大きく、長いのであろうか。功利の国である中国の要人は、心の奥には信義を守る孔孟の徳を秘めている、とも言えよう。

一方、この国の人々の「心の時計」は、あの裸の風雲児の孤軍奮闘をたちまち失念してしまうほど、せっかちで情が薄いのだろうか。

田中角栄が「心耳を澄ます」と思いをめぐらしたわが国の前途は、いまや厚い雲の向こうに隠れてよく見えない。

だが、この瞬間にも、民族的偏見による衝突が国際社会の大きな課題となっている。

武器を捨てたわが国民が、二十一世紀を迎えて国際社会に貢献するためには、すべての人々が「豊かさの追求」を、それが小市民的に「平凡な願い」ではあっても、着々と実現してゆくほかに道はない。

故田中角栄氏は、その「平凡な理念」を阿修羅の如くに追い求めた一本気な政治家であった。

思い起こす。あの戦乱の昭和期に、世界各国の軍事専門家の舌を巻かせたのは「最強の日本軍下士官兵」であった。

戦後政界での角栄氏は、最強の「叩き上げ、下士官あがり」の代議士だった。

決して有名大学出、名門の出ではなかったものの、彼の頭脳の切れ味は高級官僚出身者や名望政治家をはるかに凌駕していた。

そして、比類なき「戦上手」でもあった。氏にとっては政界もまた戦場であったに違いない。

鬼才、惜しむべし……越山・田中角栄逝きて、ふたたび還らず。

エピローグ

田中角栄無罪論

田中角栄の時代は、いまや往時茫々《ぼうぼう》の感がある。

風雲児角栄がこの世を去ってからも日本の内外はさらに激しく動いた。

時代は高度成長、オイル・ショックから経済大国、バブル経済、そして失われた二十年へと、めまぐるしく移り変わった。

いまや日本経済は失速し、再浮上困難と言われる連鎖不況の窮状に陥りつつある。

二十一世紀に突入した世界は、軍事・経済両面でモンスターとなった米国の独り勝ちの時代に入ったようだ。

ヨーロッパは地域的な統合を果たし、統一通貨ユーロが流通しはじめて久しい。

かつてSF（空想科学）小説で予言された「日本沈没」の危機は、二十一世紀のはじまりとともに現実化した。

その中で、同時多発テロが起こり、米国の対テロ作戦が強行された。

一方でわが日本国内では致命的な「デフレ・スパイラル」に陥り、政治・経済は前途に光明を見失って迷走中である。

「決断と実行」を政権の理念に掲げた風雲児は、志半ばで政界の裏舞台に去った。その退陣にあたって、沛然として大地を打つ豪雨に心耳を澄まして田中が懸念した「わが国の前途」は、いま、まさに暗澹たる黒雲に遮られていると言ってよい。

また、「巨悪田中」の代名詞を生んだロッキード裁判には、いまだに疑問が残り、事件の発端については国際的な陰謀説まで囁かれている。元首相の有罪説の根拠を疑う見方も、なお消えていない。

本人死去による「公訴棄却」をはさんで、有罪・無罪の論議はいまも続いている。「田中無罪論」の風は、田中元首相の弁護人木村喜助が二十世紀最後の年、二〇〇〇年に刊行した『田中角栄の真実』（弘文堂）で弁護側の主張を唱えただけではない。

その後に出版された同氏の『田中角栄——消された真実』（弘文堂）は、ひとことで言うと、戦後ノンフィクション推理の最高峰である。これは、ロッキード事件解明の「面白さ」で類書の群を抜いている。正確に言うと「面白さ」というよりは、法廷もの、裁判もの、あるいは犯罪の謎解きもの、というジャンルの中でロッキード裁判の「恐ろしさ」を克明に記録しているのである。

この本ほど的確に、当時の裁判官、検事、マスコミを、事実に基づいて痛烈に指弾したものはない。現在の政治を語る上でも、この書は必読に値すると思う。

「田中に対する航空機『トライスター』売り込みの贈収賄事件は架空の犯罪であった」とする同氏の「田中無罪論」は、傾聴に値する論証である。いま、私はこの木村弁護士の無罪論に対する、法の番人たちの反論を改めて聞きたい思いがする。

もっとも裁判官、検事は、建前上は事件については語らないだろう。法律の枠の中に隠れて自らの権威を守る彼らが、木村弁護士の所説に反論することを期待するのは無理だとは思うが……。

数年前、月刊『文藝春秋』誌上で、ある学者が歴代首相の政治的な点数評価を試みた。その中で、田中元首相について、

「多分に陰謀の臭いのするロッキード事件の被告とされてからは、派閥の増強に腐心して、宰相にあらずして、国事のほぼすべてに絶大な影響力を持った」

と評している。

もちろんロッキード裁判が陰謀であったという証拠はない。しかし、ロッキード事件で田中角栄が無罪を勝ち取っていたら、その後の政局は大きく変動したに違いない。

常識外れの「ロッキード裁判」

ロッキード裁判における弁護側の論証の内容は、報道ではあまり詳細に伝えられず、巷間にはよく知られていない。その焦点を、「常識」的に見直してみたい。

第一の「非常識」は、首相の職務権限問題だ。最高裁は「法廷意見」（評決）で、内閣総理大臣には「行政各部に対して……一定の方向で処理するよう指導、助言などの指示を与える権

限を有すると解する」とした。

これは、まことに妙な話である。
一、二審の判決は、「総理は閣議決定に基づいて運輸大臣を指揮監督する権限を有する」と解釈している。ところが、この重要な争点を最高裁は指示権というおかしな概念を持ち出して、ぼかしたのである。
つまり最高裁の「法廷意見」は、

「内閣総理大臣は閣議決定がなくても、運輸大臣に一定の方向で処理するように指示を与える権限を有する」

と主張したことになろう。

この首相権限は、運輸大臣だけでなく全閣僚、全行政分野におよぶはずである。

一般的には、右の見解はもっともらしく思える。だが、そうであるならば、与党の代表である総理大臣や閣僚は、すべての政治献金を受け取れなくなるのだ。なぜなら、

「一定の方向で処理するように指示を与える」

とは、何を意味するのかがまったく明らかでないからである。

たとえば、そのこと（お役所用語では事案）を「実現できるように積極的に考えろ」と指示すれば、一定の方向と言える。

逆に「実現は慎重に……」と言うと、これも一定だが、否定的方向である。

ここで、読者の方々に、よく考えていただきたい。

「国民の利益になるように、積極的に考えろ」

と指示したときは、どちらの方向にあたるのか？

これも「国民の利益になる」という、一定の方向であることは明らかだ。

そもそも総理大臣や閣僚は、その意味で、常に一定の方向で行政当局に指示している。問題は、『トライスター』という機種の選定が「国民の利益に適《かな》うのかどうか」ということなのである。

この指示権で、総理や閣僚は行政当局に対し、産業界を一定の方向で指導できるという。

産業界に有利な「事案」を閣議で決めないで指導するなら、それは結果によっては恣意的な利益の誘導にあたりかねない。

だから「企業の政治献金」が首相や閣僚、いや、拡張解釈すると政党内閣制である以上、与党に対して拠出されることにも、その献金の名目の如何を問わず「利益の誘導にあたりかねない」という疑問が出るだろう。

もし、この疑問を呈したとしても、裁判官や検察官は「そんなことは言っていない」と一笑に付すだろう。

その「反論」を真に受けよう。

だが、それでもなお、二重におかしなことがある。

この指示の権限が「総理大臣の職務権限である」と明示された法律の条文はない。

指示権とは、なんともあいまいな概念であり、言葉である。同時に、指示権の拡張解釈もできる。その指示権の根拠となるはずの閣議決定は必要とされないのだから、内閣は首相の恣意的な「指示権」で動いていいことになる。

最高裁と一、二審の「総理の職務権限」に対する理解が、閣議決定の有無で著しく異なるのである。要するに、閣議決定に基づく職務権限によって「首相が機種選定に介入した」と断じた一、二審判決と検察の主張は、最高裁では認められていないのである。

この職務権限解釈は、首相の収賄罪成立の根幹である。ならば、最高裁は「一、二審判決を破棄し、差し戻す」のが当然である。

また、この事件で田中総理大臣があえて、

「新採用する旅客機は、必ず『トライスター』にしろ」

と全日空に指示したか、しなかったのかが、問われねばならない。

そういう首相の指示が運輸大臣や全日空に対してあったことは、裁判で立証されていないのである。

ロッキード裁判では、全日空の「社内機種選定委員会」において、すでに『トライスター』が優位に立っていたという証言もある。

そもそも、ロッキード事件が報道された当時、私がいぶかったのは、全日空社内委員会で『トライスター』はライバル機の『DC—10』に対して性能上優位に立っていたのに、なぜロッキード社・丸紅は田中首相に「禁じ手」の直接贈賄をしたのかという、常識的な疑問の存在であった。

罪を犯す側の「動機」が十分に立証されないままに、裁判で被告の有罪が確定することには大きな疑問がある。

その後、検察当局が力説した「首相側が全日空に対して『トライスター』決定を指示しなくても、収賄の立件はできる」という説明は、私には検察が犯罪成立要件の挙証《きよしよう》に失敗した言い訳としか聞こえない。贈収賄の請託についても、立証は十分ではない。

丸紅の檜山会長は法廷で、

「現職の総理に成功報酬の約束で、しかも閣僚に働きかけてなどと指図してものを頼むことなどあり得ない。自分は気違いではない」

と検察官調書を全面否定している。

ここで、読者の皆さんに聞いてみたいことがある。

常識とは、いったい何であろうか？

辞書を引くのも、一つの手段だ。

しかし、ここでは一例として、学者の意見を参考にしてみることにしよう。

法学博士で立命館大学の教授である北村稔氏はこう言う。

「常識とは、人間が一定の条件のもとで引き起こし得る行為の『質』や『規模』を『実態に近い範囲に』認識できる判断力である」

北村教授は、その著書『「南京事件」の探求』（文藝春秋）の中で、こう定義している。

同教授は、東京裁判や戦後中国内での戦犯裁判で採り上げられた検察側の「証拠」について、まず「常識」でそれらの証拠力を検討している。

この言い方は、やや学問的で抽象的ではあるが、しかし、この「常識」はすべての裁判の前提に存在しなければならない。

ひとことで言うならば、常識とは「そうだろうな」と普通の人を納得させるものである。その「常識」に、ロッキード裁判の検察官調書は著しく反していると、私は思う。

檜山会長の言うように、日本国の首相は「無礼で理不尽な請託」を、しかも就任早々に甘んじて受けるような人物ではあるまい。田中が裁判の被告人意見陳述で、この点を説得力のある言葉で強調している事実もある。

だが、裁判官と検察官がはじめから「田中角栄は『巨悪』である」という偏見と先入観に縛られているなら、話は別である。

ロッキード事件の謎

繰り返しになるが、私は田中政権の発足当時、政治部記者として取材にあたった一人である。

ロッキード事件が表面化し、裁判が進行したときに、私はこの事件を「許しがたい首相の犯罪である」と問答無用に決めつける風潮に疑問を抱いた。政治事件としてではなく、刑事事件となったことに対する不審な思いである。

その理由は、二つ、いや、正確に言うと三つであった。

第一に、先に見たように総理大臣の職務権限問題がある。全日空の『トライスター』導入に対して、内閣総理大臣は「職務権限」を常識では持ち得ないということが第一点である。

航空会社全日空社内の機種選定委員会は『トライスター』の採用を決定した。その論議の過程で、総理または運輸省の介入により機種選定が左右されたのか。法廷で、そのように証言した人物がいたのか。そもそも『トライスター』に対抗する有力候補機と採否を争う状況であったのか。

裁判報道と先に紹介した木村弁護士の著作を見る限り、右の問いかけに対する答えは「ノー」である。肝心なその核心部分の解明は、裁判では不十分なままであったようだ。

これは、裁判以前の事件解明の常識である。その常識に照らすと、理解できないことが多すぎる。

検察側が唱えた収賄罪成立の理由は、疑惑解明の気負いによって歪められていないか。強いて言うと首相の職務権限解釈は「牽強付会」であり、無理にこじつけたのではないか。

私は日本の検察官の、性悪説をとりたくはない。

しかし、正確に言うと、これは立件可能という検察側の思い込みでしかない、と言わざるを得ない。なぜなら犯罪成立の基本条件について納得できる説明がないからだ。推理小説でも殺人が確認されないままだと、謎解きも真犯人の指摘も無意味となるではないか。

これは、刑事事件である。くどくどと話すよりも、わかりやすく置き換えて説明しよう。

検察は一、二審で「これは凶器（閣議決定）を用いた殺害（贈収賄容疑）である」と主張していたのだが、最高裁は「凶器（閣議決定）ではなく、ほかの方法（首相の指示権限）で殺害した」と突然言い出したことになる。

上級審は、下級審の法解釈を審理するのが建前だ。この大事な法運用の解釈が、最高裁判断では抜け落ちている。

凶器を使えば、人は殺せる。しかしほかの方法では、はたして人は殺害できるのか？

凶器を使わない場合、被害者が抵抗して殺害の意図が封じられる可能性があるだろう。『トライスター』以外の機種の導入を企業側（全日空）が主張したとき、公権力の代表者である内閣総理大臣は「行政組織の決定なくして」その決定権を奪えるだろうか？

少なくとも一、二審裁判では、この点の審理はなかったのである。そうなると、一、二審判決には、大きな疑問が残るのではないか。殺害の実行方法は検察の言い分とは違うが、ほかの方法で殺人が行なわれたのだから有罪だ、という判決理由は説明不十分である。

要するに法律（またはそれに準じる決定）で決められていない限り、公権力といえども個人（私企業）の意思決定には介入できない。ただし、この基本原理は、内閣が閣議決定して「個人（全日空）の決めること（『トライスター』導入）に介入する」ならば、例外として変更される。そこには、公権力といえども基本的には私権を侵すべきではない、という憲法の背景に厳存する法秩序があるからである。

つまり、基本的人権を制限する例外を認めるには、はっきりした取り決め（閣議決定）が必要とされるのである。

その閣議決定が、全日空の「機種採用」に関しては、存在していない。一、二審で検察側が列挙した「閣議決定」なるものは、機種決定に関するものだとは言えないと、最高裁が判断したのだ。

したがって田中首相は、一、二審で検察側が主張した閣議決定に基づいて「全日空に『トライスター』を採用せよ」と強制したのではないことになる。

その代わりに、最高裁は「閣議決定した職務権限」には基づいていないが、首相には運輸大臣を「一定の方向」（察するに『トライスター』採用）で指示する権限を持つ、と言い訳したのだ。

何かが、おかしいのである。

あえて問いたい。最高裁は、日本の首相は勝手に私権を侵す権限を持っている、と解釈したのか？

検察が訴追した法的な根拠が間違っていたということを、最高裁は認めたとも、認めなかったともとれる。

もう一度、公開の場での議論が必要であろう。

首相の収賄という刑事事件は、この観点からは常識上、成り立たない。総理大臣は、この事件の不可能犯なのである。

これは、ロッキード事件の根幹に触れる疑問である。

ロッキード社・丸紅・政界をめぐる「疑惑」は、明らかに存在する。しかし、その事実と「首相の収賄」を十把一絡げに論じてはいけない。

全日空の『トライスター』決定後に、しかも一年以上というかなりの歳月が経ったあとに、ロッキード社と丸紅が贈賄実行（現金搬送）に踏み切る理由は何なのか。

百歩を譲ろう。丸紅から田中側にカネが流れた事実があるとする。この場合でも、贈収賄事件は立件が難しい。明らかな請託と受託、贈賄、収賄の事実認定がない場合、首相の犯罪は成立し得ない、と私は思っている。

この点は、第二の疑問に続く。

その前提として、航空機導入の機種決定は閣議決定事項ではなかった。当然、首相に職務権限があるという認定には無理があるのだ。判決の説得力は「無罪論はやっぱり間違っていたな」と皆が納得して、素人の常識論を撤回するまでには、至っていないのである。

次に、贈収賄の事実認定には「金員」の授受が立証されねばならないのに、検察側は「現金受け渡し」の立証に失敗しているということである。とくに、この点で弁護団は重要な問題提起をしている。現金を受け取ったという榎本敏夫秘書官の車の運転手（首相官邸所属の清水運転手）が、走行の詳細を記録していたのだ。

それによると、榎本秘書官には「現金授受」時のアリバイが成立する。彼が空飛ぶスーパーマンのように移動しないと、検察の主張は立証されないのだ。

榎本のアリバイを検察が物証で崩せないまま、裁判官が彼の犯罪を認めたことは、刑事裁判の明らかな自殺行為である。清水運転手が、榎本秘書官を乗せないで「空車」で走ったこともあり得る、という検察の反論や裁判官の認定は著しく常識に反している。

私は、「現金輸送」時の目撃者ではないが、清水運転手がいつも榎本秘書官を乗せて動いていたのを何度も目撃している。当時、榎本秘書官が清水運転手の運転する公用車で常に国会周辺を移動していたことは関係者なら誰もがよく知っていたはずだ。

私にとって、検察の言い分、裁判所の認定は不可解極まりない。

田中邸の専属運転手なら「架空の運転記録」を強要される可能性はあるかもしれない。しかし、この田中邸の笠原運転手は、検察から調べられたあとに、自ら命を絶った。その裏にどんな事情があったかは、私はつまびらかにはしないが、木村弁護士の著書を読めば、その自殺の原因は推察できる。

一方、清水車は公用車であり、榎本秘書官がもっぱら使っていたが、私用車ではなかった。もちろん例外はあり、常に榎本秘書官が乗車していたとは言い切れまい。

しかし、清水運転手は職務上、田中家とは関わりなく公務を果たしている。清水車に架空の走行をさせ、しかも別の車で人通りの多い有名ホテル近くの道路上で、数億円もの現金を受け取るという、冒険的で漫画的な行動をはたして榎本秘書官が考えつくだろうか?

彼は、老獪な秘書であるにしても、『ゴルゴ13』の劇画に出てくるようなヒーローとは違う。もし、事件が発覚したら、このあざといアリバイ偽装工作はひとたまりもなく覆る。そもそも清水運転手は、榎本秘書官が走行記録の件で不自然な工作を依頼してきたとは言っていない。

さらに、ここでとくに「筆者にしかわかり得ない疑問」に触れてみたい。

この受け渡しの一年前、日時の記憶は定かではないが、私は榎本秘書官に、

「広胴タイプの飛行機売り込みで、政界工作が働いているそうだが……」

と聞いたことがある。屋外で、余人を交えずに、私は榎本秘書官に直接聞いた。毎日新聞の経済部から「田中周辺に取材してほしい」と依頼されたからである。

榎本秘書官は、ちょっと沈黙してから、こう言った。

「私は聞いていませんが、そのような噂があるのですか? どこで誰が、そう言っているのですかね?」

私の率直な印象は、「この人は何かを知っている」というものだった。

「経済部筋からのコンファーム(事実確認)依頼なので、(噂は)どこから出たのか、確かなことは知らないが……」

私はそう言った。「榎本秘書官には上手くとぼけられたな」とそのときは思った。そしてこのやりとりをそのまま経済部の「情報源」に伝えた。

この一件は、あとで思い出すと、非常に意味深長である。

「マスコミが売り込み工作の噂を聞きつけている！」

私の取材は、もし榎本秘書官が現金受領の「犯人」であったとしたなら、危険な赤信号となったであろう。

確かなことは、榎本秘書官が一年前にせよ、それを知ったことだ。

田中角栄の秘書を長く務め、政界資金の裏に通じた榎本秘書官が、このシグナルを無視して「ホット・マネー」の受け取りに無警戒で動くだろうか。検察が裁判で立証しようとしたように、何億円かの現金を公道で受け取ったりするであろうか。繰り返すが、榎本秘書官は慎重な性格で、まことに老練の政治秘書であった。

現金の授受立証について、証拠なるものを提出した検察の面子はあろう。だが、無理な言い訳はするなと、思わず忠告したくなる。清水ノート（走行記録）が提出された時点で、訴追は撤回されてもいいはずであった。

この事件の裁判には、「犯罪・裁判小説」でさえ構築している有罪か無罪かの推理の常識が存在しない。しかも、木村弁護士の著書に出てくるように、検察官は弱い立場の秘書や運転手に「供述誘導」を強いている。

明らかにフェアーでない。

そのような疑問だらけの「検察官調書」を裁判官が信じたとするならば、彼らは偏見によって被告の有罪を判断したとしか思えない。

この頃国会で取材をしていて、英国大使館裏（第一回現金受け渡し場所）からあまり遠くない場所にいた私は、そのような強い疑問を持つ。

そこは、決して人通りが少ない場所ではない。たとえば、私が国会から竹橋の毎日新聞社にいつも車で行き戻りする途中にある。正確に言うと、往復途中の交差点のすぐそばである。通りがかりに榎本車が目に入っても、決しておかしくはない。

ここで改めて日本の検察と、裁判官に疑問を呈したい。現金の受け渡しが「立証」されない限り、贈収賄罪は構成の要件を欠いている。田中首相は少なくとも「受託収賄罪」では、いわゆる推定無罪なのではなかろうか。

そして、裁判官や検察だけでなく、マスコミを含む大衆が有罪にこだわる裏には、第三の疑問が潜んでいる。

この事件は、最初から刑事裁判の範疇を超えている。世をあげての「巨悪征伐」の政治的デモンストレーションであった。これは熱に浮かされた世俗のフィーバーなのであって、そこでは法律を超越した論理がまかり通る。

この点では、元最高裁長官が朝日新聞社のインタビューに答えた発言が衝撃的であり、当時の「世論」の熱狂ぶりを伝えるものとして印象に残る。

元長官は、一審判決後に、田中元首相が議員を辞職せず居直ったことを指して言った。

「このままでは国家体制が崩壊、けじめのない世の中となってしまう」

そして、こう続けた。

「無罪推定論は、刑事訴訟法を形式的にとらえれば、その通りかもしれないが、一審判決の重みをまったく理解しない論だ。（中略）高裁、最高裁で覆ることは法律家の誰が見ても百パーセントあり得まい」

木村弁護士は著書の中で「恐ろしい人が最高裁長官になっていたものだ」と書いている。

まったく同感である。

この人物は、かつて三権分立の頂点にいたにもかかわらず、立法府の領域に不用意に口出しをしたのである。それだけでなく、法の番人の立場と個人の感情とのけじめを忘れてしまっている。

法の番人が、引退したとはいえ「三審制度」の上級審の審理について、予断を持たせるようなことを公に言ってよいのであろうか。

三権分立は建前だけでなく、戦後のわが憲法体制の根幹である。

しかも、高裁、最高裁の審理の前に「この第一審判決が覆ることは法律家の誰が見てもあり得まい」と元最高裁長官が言い切ったのである。さらに、その前提として「国家体制が崩壊、けじめのない世の中になってしまう」と「憂国の情」を訴えているのだ。

その心配は、笑止千万でしかない。

憂うべきは、当人のその言動である。

政治倫理と社会のけじめについて法の番人が「お説教と金切り声を上げる」様子は異常であり、時代錯誤だ。

戦中と戦後の価値観逆転を体験した私には、元最高裁長官のこの言葉に、戦前の支配者感覚の臭いを感じざるを得ない。

「世の中のけじめ」と元長官は言った。

世の中のけじめは、政治家と選挙民がつけるべきことである。

たとえ元首相の「犯罪」であっても、騒動の舞台は国会である。それが国家体制の崩壊、世の中のけじめがつかなくなる、と断じるまでに論理を飛躍させてはならない。

さらに、元長官はこの文脈で「三審制の審理」に注文をつける。そこに、戦前「天皇機関説」を封殺した官僚の皇国史観に通じる非論理性が潜んでいる。その非論理性は、この事件を担当した裁判官、検察官の「巨悪追及、正義の実現」という、一見ひたむきな心情に共通する。

読者の方々にお願いがある。ふたたび、元長官発言を吟味していただきたい。このような思想の持ち主が裁判官、いや、最高裁判所長官であったことの「恐ろしさ」を考えてみてほしいのである。

現在の日本社会は、天皇のもとに「教育勅語」で国民道義を一元的に定めた明治憲法下の社会とは異なるのだ。裁判所を含む国家や政治体制が、一方的に個人の道徳や社会的けじめを強制するのは、自由主義社会と言えない。

三審制の裁判が、元長官の恣意的な道義論をもとに進められていいものなのか。人間は過ちを犯す存在であることを、法律家は自分を含めて謙虚に認めねばなるまい。そのための三審制が、最高裁長官の予断の通りに進むのなら、この制度は不健康である。道義や正義は法律の前提にあるが、裁判は公正、不偏不党であり、罪刑法定主義を貫くと、一般の国民は確信しているのである。

「闇将軍」の逆襲

これら三つの基本的な疑問は、この事件のはじまりから公訴棄却に至るまで、消えることはなかった。だが、私の疑問は消えなくても、第一審、第二審は進行した。

一方で、田中は総選挙で信任を得て、自らの無罪獲得のために、その比類なき政治力を存分に発揮しはじめた。抜群の政治力を誇る元首相が、怨念に充ちて既存の権力秩序に決闘を挑んだのだ。無理な裁判の成り行きが、手負いの猛虎を野に放ったのである。

田中派が自民党史上最大の派閥に膨れ上がったことは、田中が営々と築いた党内把握力から見ると、自然の成り行きであったろう。

私は、元首相の行動の是非について沈黙するほかなかった。もちろん、「闇将軍」田中の君臨は、決して望ましい政党政治の姿ではなかった。しかし、そもそもロッキード裁判が、政治的な「バイアス」（偏見）に充ちていた。そうである以上、自民党内で田中が復権の手段として「キング・メーカー」となったことは、不可避の成り行きであったと言えるだろう。

これは、「田中有罪派」への挑戦ではない。

いわゆる「コーチャン証言」嘱託尋問に力を注いだ堀田力元検事が「正義の味方」を任じて努力したが、最終的には、最高裁判決は「コーチャンらの嘱託尋問調書」を違法収集証拠として証拠排除したのである。田中有罪の先入観にとらわれてロッキード裁判を判断する人はさておき、この事実は重い。贈賄側の主犯と言うべきコーチャン、クラッターの証言が排除されたのだから、第一審、第二審の有罪判決は合理性を欠く。

田中逮捕の前から「大物政治家」への事件波及は盛んに報道された。その多くは検察のリークであった。そのリークのもととなった「コーチャン証言」が証拠として認められなかったのだから、検察の罪は深い。

ロッキード事件と政界の混乱は、この国の政治（法務・検察当局を含む）風土の未熟さを強く感じさせる。裁判の最中に、元最高裁長官が「国家体制の崩壊、世の中のけじめがつかなくなる」と真面目に憂えて見せるのである。この安易な、しかし生真面目な発言が世論の熱狂を煽《あお》る図式は、いただけない。

長官のインタビューを掲載した朝日新聞社は、自社の見識は日本の言論界の頂点に立つと自負している。本来、同社がなすべきことは、自社のインタビューに答えた元長官の発言が「けじめを忘れた理不尽なものである」と指摘することであったろう。

田中角栄は「自由闊達」を座右の銘にして、奔放に生きた戦後派政治家であった。彼は、私生活では戦後を享受し、政界の「しきたり」にもとらわれない自由人であった。その自由奔放を苦々しく思う人たちは、田中が追及されはじめると躊躇なく「巨悪田中」のお札を貼りつけて、自己満足した。

マスコミは事件の本質解明よりは予断をもって「巨悪追及」に血道をあげることで、偏見の助長に手を貸した。政界に、その「世論」を利用する人々が溢れたのも無理はない。彼らの多くは改革よりは既成秩序の安逸に、無意識に寄りかかることを好む人たちであった。当時の三木武夫首相が田中逮捕に執念を燃やし、自民党内が大混乱したことも記憶に残る。

「架空疑獄」の深層

あえて言おう。

田中角栄をめぐるロッキード裁判は、架空の疑獄なのではないのか。

そもそもロッキード事件の露見が米国上院の「チャーチ委員会」に誤って送りつけられた文書がきっかけである、というのも妙な話である。

ジャーナリストの一員としてあえて付言するならば、ロッキード社・丸紅から「田中側」に「献金」が贈られる動機はある。だが、それは、すでに勝負があった『トライスター』の導入のためではなく、海上自衛隊の次期対潜哨戒機『P3C』（オライオン）採用のためで、蓋然性《がいぜんせい》としては、その方が確率は高いのである。

もちろん、証拠があって「そうだ」と断言するのではないが、先に述べた首相の職務権限をめぐる常識は、その公算を示している。

ロッキード事件の背後には、ロッキード社の政界工作の「エージェント」（代理人）であった児玉誉士夫氏がいた。

ロッキード社の『F104』は、航空自衛隊の昭和四十年代主力戦闘機であった。この採用をめぐって、当時、商社が絡む売り込み競争があり、これは「グラマン・ロッキード空中戦」と呼ばれた。

この競り合いは、「グラマン」に内定していたはずのものが、結局は「ロッキード」の逆転勝ちとなった。背景には、商社とある政治家とのつながりが噂された。

結局、『F104』の優位を主張し、採用を決めたのは有名な元海軍パイロットで、かつて航空自衛隊の頂点にあった人物と言われる。「採用理由」も公表されており、その限りでは速度や迎撃性能などで『F104』が有利であったことは否定できない。その人物と児玉氏との戦後の関係を知る人は、いまでもいる。

ロッキード社が『トライスター』を全日空に売り込んでいた頃、海上自衛隊は次期対潜哨戒機を決めようとしていた。候補機種はロッキード社製の『P3C』であった。

同機は、同社のターボ・プロップ旅客機『エレクトラ』を改造した対潜哨戒機だけに、長距離を安定して飛行する卓抜な性能を持ち、米海軍が制式採用していた。NATOには別の対潜哨戒機はあったものの、『P3C』の競争相手は、事実上、見当たらなかったと言ってよい。

ただ、日本には第二次世界大戦中の傑作飛行艇『二式大艇』の技術を受け継いだ長距離四発救難飛行艇があり、その活用を構想した向きもあったと記憶している。

現在でも第一線で活躍している『P3C』売り込みは、同機が最新のエレクトロニクス機器を搭載しているので、長期のメンテナンスを含めると膨大な売り上げとなる。

もちろん防衛庁の制式採用にあたっては、防衛庁内部、防衛族、政権中枢に強い反対があると支障が出る。ロッキード社と政界裏工作の代理人、それに商社が暗躍する環境は、確かに存在した。売り込み側から田中首相の「影響力」をおもんぱかる意見（裏工作が必要であるとの意見）が出るのは、常識的にうなずける。

そうであると仮定すれば、『トライスター』の売り込みが成功し、一年以上経ったときに『P3C』工作の裏金が政界に流れることも、あまり無理なく説明できる。

当然、『トライスター』に関するロッキード裁判は筋違いであり、田中は、この件では無実だろう。それは、たとえ『P3C』工作の現金が田中側に渡ったと仮定してでもある。首相をめぐる「贈収賄有罪」を求めるのなら、『トライスター』売り込みとは別の立証と裁判を起こさねばなるまい。

言い添えるが、ロッキード社・丸紅の金が動いた場合でも、田中が『P3C』採用の露骨な贈賄請託に首を縦に振ったことはないと、私は思っている。

当時、田中内閣の官房副長官は後藤田正晴であった。のちに後藤田は著書『政治とは何か』(講談社)の中で、『P3C』導入の件であらぬ疑いをかけられたことに言及している。

この件で昭和五十一年の春に疑惑が生じたのは、どうやら防衛庁の久保元事務次官の誤解であったらしい。田中内閣当時に「次期対地支援戦闘機」(SFX)の国産化問題を白紙に戻したことを、久保が「PXL」(次期対潜哨戒機)問題だったと、単純に勘違いして生じたことのようだ。あるいは後藤田官房副長官が主催していた「四次防に含まれる研究開発費」の討議で、大蔵省と防衛庁が「PXL」国産化で議論したことを、久保次官が誤解したのではないかという。

その著書の中で後藤田は、

「後藤田君、久保次官が何か変な発言をしたとかで、問い合わせが来ているのだが、いったい『P3C』の問題って、何のことだい?」

と田中首相から久保発言の日の夜に、問い合わせがあったと記している。後藤田の人柄を考えれば、ここで彼が嘘を言う理由は見当たらないのだ。

田中が取り調べと裁判を通して疑惑を全面否定したことは、以上の推理を裏づけよう。田中を断罪する側は、勝ちを急いだようである。その理不尽さは、結果的には政治的な合法的暗殺だと言っていいだろう。政治暗殺の銃声は、金権、巨悪非難の声にかき消されて、政界の外側にいる大衆には聞こえなかった。

この「巨悪田中」の合唱こそが、実力で政界最大派閥を牛耳り、無罪、名誉回復を勝ち取ろうとする田中闇将軍の執念を産み出したのである。

混迷が過ぎ去った現在、ロッキード事件を含め、政治家田中角栄を再検証することが可能となり、風霜に曝された政治家田中角栄の生涯に、新しい角度から照明を当てることも可能となった。

一人の政治家の顔は、見る側からすると表裏、凹凸のある多面体である。宰相の善悪の一面だけを見ることは、同時代史の上に誤解を残すことになりかねないのである。

私が見た田中角栄は、断固とした、そしていささか不逞の表情を見せる、得がたい闘士であった。

【参考文献】

『私の履歴書』（田中角栄著、日本経済新聞社）
『大臣日記』（田中角栄著、新潟日報事業社）
『日本列島改造論』（田中角栄著、日刊工業新聞社）
『私の履歴書』（大平正芳著、日本経済新聞社）
『田中角栄と越山会　深層の構図』（朝日新聞新潟支局編、山手書房）
『転換期の安保』（毎日新聞政治部編、毎日新聞社）
『田中角栄の真実』（木村喜助著、弘文堂）
『田中角栄　消された真実』（木村喜助著、弘文堂）
『池田勇人　その生と死』（伊藤昌哉著、至誠堂）
『政治とは何か』（後藤田正晴著、講談社）
『他策ナカリシヲ信ゼムト欲ス』（若泉敬著、文藝春秋）
『佐藤栄作日記』（佐藤栄作著、伊藤隆監修、朝日新聞社）
『毛沢東秘録』（産経新聞毛沢東秘録取材班編、産経新聞社）
『廬山会議　中国の運命を定めた日』（蘇暁康他著、毎日新聞社）

『田中角栄　その巨悪と巨善』（水木楊著、日本経済新聞社）
『頂きに立て！　田中角栄とR・ニクソン』（三浦康之著、日経BP社）
『宰相田中角栄の真実』（新潟日報報道部編、講談社）
『毎日新聞縮刷版』（毎日新聞社）
『論語』（貝塚茂樹訳註、中央公論社）
『椎谷藩史』（磯貝文嶺著、椎谷藩史研究会）
『「南京事件」の探求』（北村稔著、文藝春秋）

【資料提供】
松浪美子

【編集協力】
馬弓茂子
山崎玄剛（毎日新聞社）

敬称略

本文DTP／カバーデザイン
株式会社テイク・ワン

戦場の田中角栄　新書版

第一刷発行――二〇一八年　九月二五日
第五刷発行――二〇一八年一〇月一七日

著者――馬弓良彦
編集人――祖山大
発行人――松藤竹二郎
発行所――株式会社　毎日ワンズ
〒一〇一―〇〇六一
東京都千代田区神田三崎町三―一〇―二一
電　話　〇三―五二一一―〇〇八九
ＦＡＸ　〇三―六六九一―六六八四

印刷製本――株式会社　シナノ

ISBN 978-4-909447-02-9